Nostalgierosen

AUTOR: ANDREAS BARLAGE | FOTOS: ANNETTE TIMMERMANN

Inhalt

30 Nostalgierosen-Porträts

Extras

Nostalgierosen-Praxis

Üppig gefüllt blühende Rosen in vielen Farben – wer kann diesem Inbegriff von Blumenschönheit widerstehen? Vor allem, seit viele moderne, vitale Sorten diesen Wunsch erfüllen. So werden mit etwas Know-how nostalgische Rosenträume in jedem Garten wahr.

Romantisches Flair für jeden Garten

Auch vor den Rosen macht die Mode nicht halt. Anfang des 20. Jahrhunderts waren pompöse Remontantrosen, vielblumige Polyantharosen und deren Abkömmlinge die Favoriten. Ab den 1950er-Jahren dominierten die eher staksigen Edelrosen mit ihren schlanken, eleganten Blüten. Sie bekamen später Gesellschaft in Form der sogenannten Floribundarosen, die eine ähnliche Blütenform haben, sich aber dennoch als Beetrose eignen.

Das Vorbild: Englische Rosen

Es war der visionäre englische Rosenzüchter David Austin, der in den 1970er-Jahren mit seinen Englischen Rosen für Furore sorgte. Bei ihnen fanden sich die rundlichen, voll gefüllten Blüten wieder, mit denen bis dahin nur eine Handvoll moderner Rosen und einige Historische Rosen aufwarten konnten. Doch damals galten sie als altmodisch

und waren lediglich eine Randerscheinung im Sortiment. Das hat sich geändert: Die romantischen Blüten fanden immer mehr Liebhaber, zumal David Austin nur stark duftende Sorten in Umlauf brachte. Hinzu kam, dass die nostalgischen Blüten in bis dahin bei solchen Rosen völlig unbekannten Farben strahlten – weiche Lachs-, Apricot- und Gelbtöne waren der Anfang; später kam sogar Orange dazu.

Nostalgie ist jetzt überall im Trend

Englische Rosen waren mehr als nur eine Modeerscheinung. Sie etablierten sich fest im Sortiment und inspirierten auch Züchter auf dem Kontinent, ähnliche Sorten zu entwickeln. Der Züchtungsfortschritt der letzten 20 Jahre bescherte uns eine Vielfalt gartentauglicher Rosen mit romantischem Blütenzauber. Nie zuvor war es so einfach, Gärten in nostalgischem Charme erstrahlen zu lassen.

Nostalgische Rosen: Who is who?

Oft versteht man unter Englischen, Alten, Nostalgie- und Romantikrosen das Gleiche, obwohl sie sich in wesentlichen Punkten unterscheiden. Deshalb ist zunächst eine Erklärung der Begriffe notwendig.

Alte Rosen

Als Alte Rosen bezeichnet man noch erhaltene Rosensorten vergangener Jahrhunderte, die den Rosenklassen zugeordnet werden können, die es bereits vor der Einführung der ersten Modernen Rose und gleichzeitig ersten Teehybride 'La France' im Jahre 1867 gab.

Alte Rosen begeistern in erster Linie durch ihren ausgeprägten Charakter. Meist ist die gesamte Pflanze unverwechselbar. Viele Alte Rosen haben zudem sehr stark gefüllte Blüten und duften herrlich – wie etwa Damaszenerrosen oder Zentifolien. Doch die Alten Rosen haben auch Nachteile: Nicht alle sind widerstandsfähig gegenüber Krankheiten. Und längst nicht alle blühen wie die modernen Sorten den ganzen Sommer lang. Alba- oder Gallicarosen etwa zeigen ab Juni für nur vier bis sechs Wochen ihren überreichen Flor. Andere historische Sorten sind dagegen öfterblühend – allen voran Portland- und Remontantrosen. Letztere kann man als Vorläufer der modernen Edelrosen ansehen.

Englische Rosen

Die von David Austin gezüchteten Englischen Rosen sollten nostalgische Blütenformen und den intensiven Duft vieler historischer Sorten mit den deutlich verbesserten Eigenschaften moderner Rosenklassen vereinen (→ Seite 5). Das gelang so gut, dass ein wahrer Boom entstand

Die neue Ära der Romantik

Der immense Erfolg der »Englischen Rosen« blieb nicht ohne Wirkung. Auch Züchter auf dem Kontinent experimentierten mit nostalgischen Blüten. Sie prüften die »Englischen« auf Herz und Nieren und kreierten eigene Linien mit vergleichbaren, in

Die duftende Portlandrose 'Rose de Resht', eine echte Alte Rose, blüht öfter im Jahr und ist zudem extrem winterhart.

Rosen mit nostalgischen Blüten gibt es in unterschiedlichsten Wuchsformen. Hier verzaubert die pink-farbene 'Laguna' als Kletterer eingesetzt eine lauschige Gartenpartie. Ihr intensiver Duft und ihre hohe Widerstandskraft gegen Blattkrankheiten machen sie zu einer der beliebtesten nostalgischen Rosen.

manchen Eigenschaften sogar verbesserten Rosen. Hüben wie drüben entstanden die ersten gut duftenden Sorten, die dank gesünderen Laubs und stabilerer Stiele robust genug für das Klima der Gärten auf dem Kontinent sind. 'Lady Emma Hamilton', 'Molineux', 'Elbflorenz', 'Barock' und 'Laguna' sind gute Beispiele dafür. Jeder Züchter kennzeichnet heute seine Sorten mit einem eigenen Begriff.

› »Nostalgierosen« ist der geschützte Name für entsprechende Sorten des deutschen Züchterhauses Tantau. Nur Tantau-Sorten dürfen streng genommen als Nostalgierosen bezeichnet werden (→ Seite 62).

› Der deutsche Züchter Kordes nennt seine nostalgisch anmutenden Sorten »Märchenrosen«.

› Im Rosenkatalog von Meilland in Frankreich findet man eine entsprechende Gruppe als »Romantica-Rosen«. Die Erfolge dieser und anderer Züchter bescheren uns die Qual der Wahl. Überlegen Sie deshalb vor dem Kauf genau, welche Sorten für Ihren Garten am besten geeignet sind (→ Seite 14).

Spielregeln für das Farbenspiel

Es gibt heute keine »unmöglichen« Farbkombinationen mehr – erlaubt ist, was gefällt. Trotzdem helfen einige Grundregeln zur Farbgestaltung.

› Für alle Farbgebungen gilt die »Viel-Wenig-Regel«. Verwenden Sie von einer Farbe viel und von einer zweiten oder dritten Farbe deutlich weniger.

› Gleiches gilt für die Farbintensität: Zwei Farben, etwa Violett und Gelb, in ihrer satten Strahlkraft unmittelbar miteinander zu kombinieren, kann zu plakativ wirken. Entschärft wird die Situation, indem etwa das Violett im Vollton eingesetzt wird und man dazu einen aufgehellten Gelbton aussucht.

› Das allgegenwärtige Grün der Blätter mildert zusätzlich allzu harte Kontraste. Ton-in-Ton-Gestaltungen, der Einsatz von Weiß und das Kontrastpaar Rot-Grün wirken aus diesem Grund besonders pur. Wer auf Nummer sicher gehen will, sollte sich für sanfte Farben entscheiden – Pastelltöne, besonders aus der Rosa-Skala, wirken immer harmonisch.

1 Spannungsreich: Violett und Gelb

Dieses Farbenpaar wirkt extrem spannungsvoll: Gelb nähert sich optisch dem Betrachter, während Violett eher zurückweicht. Viel Grün muss das Ganze beruhigen. Oft übernehmen Begleitstauden wie Salvien oder Katzenminze den Violett-Part. Hier sind die Blüten der Clematis 'Dorothy Walton' hinreißende Nachbarn der gelben Nostalgierose 'Sterntaler'.

2 Extravagant: Blau und Orange

Reines Blau ist im Pflanzenreich selten. Nur Kornblumen oder einige Glockenblumen kommen dieser Farbe nahe. Die Lösung: Kombinieren Sie orangefarbene Rosen mit blauen Accessoires wie Rosenkugeln oder Gefäßen. Aber auch violette Begleiter wie Salvien funktionieren. Sie verleihen in unserem Beispiel den leuchtenden Orangetönen von 'Lady Emma Hamilton' Brillanz.

3 Dramatisch: Rot und Grün

Dieser Farbkontrast kann als einziger im Garten rein, d. h. ohne weitere Farben, gestaltet werden. Trotzdem lässt er sich variieren, indem auch rötliches Laub, etwa von *Heuchera micrantha* 'Palace Purple', oder grünliche Blüten wie die des Frauenmantels *(Alchemilla mollis)* zum Zug kommen. Gerade der Frauenmantel ist im Frühsommer ein wirkungsvoller Begleiter dunkelroter 'Red Leonardo da Vinci'-Rosen.

4 Puristisch: Weiß

Von Verfechtern eines klaren Stils geliebt: Weiße Blüten. Hier steht den Rosen eine große Auswahl von Partnern zur Seite. Besonders Pflanzen mit weiß gezeichneten Blättern sind prima Ergänzungen. Doch Weiß ist nicht gleich Weiß. Meist hat es einen rosigen oder gelblichen Schimmer, was Sie bei der Sortenwahl beachten sollten. Einfarbige Beete mit weißen Rosen, hier 'Ambiente', wirken immer nobel.

5 Romantisch: Rosa und Violett

Sehr harmonische Effekte erzielt man mit der Farbe Rosa. Ob zartes Apfelblütenrosa, Apricot oder intensives Pink – alle Rosatöne lassen sich miteinander kombinieren. Die unterschiedlichen Farbtiefen lassen keine Langeweile aufkommen, und Grün sorgt für den nötigen Ausgleich. Eine Prise Zartviolett, etwa von Glockenblumen, belebt dieses verlaufende Rosa der 'Eden Rose '85' auf sanfte Art.

Das Präludium für das Rosenkonzert

Rosenbeete stehen von Juni bis weit in den Oktober in Blüte – gelegentlich noch länger. Doch das ganze Frühjahr hindurch müssen andere Pflanzen in den Rosenbeeten für Farbe sorgen.

Bei der Wahl dieser Wegbereiter für die Rosenpracht sollten Sie ein paar grundlegende Kriterien beachten:

› Wählen Sie nur Arten, die die gleichen Standortansprüche haben wie die Rosen, also sonnige Standorte und nährstoffreiche Böden lieben.

› Achten Sie darauf, dass diese Vorreiter die späteren sommerlichen Pflegearbeiten nicht behindern. Kompakt wachsende Pflanzen sind deshalb ideal.

› Eines versteht sich fast von selbst: Beim Präludium im Rosenbeet dürfen nur Pflanzen mitspielen, die in ihrer Ästhetik zu den Rosen passen.

› Und last, not least: Nach der Blüte sollten die Pflanzen durch ein tadelloses Laubkleid zur Schönheit des Beetes beitragen.

Perfekt und zuverlässig: Stauden

Als ideale Begleitpflanzen haben sich winterharte Stauden erwiesen. Hier stehen viele zeitig blühende Arten und Sorten zur Wahl, die im Frühling die Wartezeit auf die Rosen verkürzen. Grundsätzlich sind alle Pflanzen willkommen, die einen nicht zu trockenen Boden sowie Sonne brauchen. Wählen Sie aber Arten oder Sorten, die nicht zu stark wuchern, denn die Rosen müssen unbehelligt wachsen können. Pflanzen mit ungestümem Ausbreitungsdrang müssen Sie in ihre Schranken weisen.

› Polsterstauden wie Blaukissen *(Aubrieta)*, Gänsekresse *(Arabis)* oder Polsterphlox *(Phlox subulata)* eignen sich vorzüglich, wenn sie ab und zu zurückgeschnitten oder die Ränder abgestochen werden.

› Auch Pflanzen mit hübsch gezeichneten oder gefärbten Blättern, etwa das porzellanblau blühende Kaukasusvergissmeinnicht mit den weißen, grün genetzten Blättern *(Brunnera macrophylla* 'Jack Frost'), gehören zur ersten Wahl.

› Akeleien, besonders die Abkömmlinge von *Aquilegia vulgaris,* verzaubern mit romantischen Blütenfarben und -formen.

› Eine sehr attraktive Bereicherung im Rosengarten sind Wieseniris *(Iris sibirica)*, die es in guten Staudengärtnereien in fantastischen Sorten gibt. Ihre feinen, oft raffiniert gezeichneten Blüten funkeln in Weiß, Kobaltblau, Indigo, Nachtblau, Purpur oder kühlem Rosa und erscheinen direkt vor den

Nelken – besonders duftende Polsternelken – sind auf nicht zu schweren Böden durch Blüte und Wuchs ideale Vorboten nostalgischer Rosen.

Unter den vielen romantisch anmutenden Violen gibt es kurzlebige Arten, aber auch langlebige Vertreter wie die Hornveilchen.

Akeleien sind dank ihrer aparten Blütenformen und -farben seit Jahrhunderten aus einem stimmungsvollen Frühsommergarten nicht wegzudenken.

Rosen. Ab Juni bilden die straffen graugrünen, grasartigen Blatthorste einen verlässlichen Rahmen für die Rosenblüten und strukturieren das Beet bis zum Frost.

Immer wieder neu: Saisonblumen

Früh blühende zarte Blumen wie Stiefmütterchen, Maßliebchen oder Vergissmeinnicht beleben in den Frühlingsmonaten auf romantische Weise das Rosenbeet. Sie müssen jedes Jahr neu gepflanzt werden. Manche Gärtner empfinden das als Manko, andere freuen sich, alljährlich neue Gartenbilder kreieren zu können.

Zaubertrick mit Zwiebelblumen

Viele attraktive Zwiebelpflanzen, die im Frühling blühen, eignen sich nur sehr bedingt als Rosenbegleiter. Tulpen und Hyazinthen brauchen beispielsweise einen möglichst trockenen, heißen Sommerstandort, um nicht zu faulen. Krokusse, Traubenhyazinthen oder Blausternchen wiederum sitzen meist so flach

im Boden, dass man sie bei der Bodenbearbeitung im sommerlichen Rosenbeet leicht verletzt. Narzissen eignen sich zwar gut, allerdings stört ihr erst im Juni einziehendes Laub die Ästhetik, wenn im Rosengarten die Hauptblüte beginnt.

Mein Tipp Um die Nachteile der Zwiebelblumen zu umgehen, pflanzen Sie sie am besten in Gefäße. Diese nehmen Sie aus dem Rosenbeet, wenn die Pflanzen verblüht sind und das Laub vergilbt.

Stauden im **Romantik-Look**

WEITERE WEGBEREITER für Nostalgierosen: Pfingstveilchen (*Viola sororia* 'Freckles' oder 'Alba'); Günsel (*Ajuga-reptans*-Sorten mit roten oder panaschierten Blättern); Grasnelke (*Armeria*); Erdbeeren *(Fragaria)*; Echte Aurikeln (*Primula* x *pubescens*); Bergenien (*Bergenia*-Sorten mit kleinen Blättern); Moossteinbrech (*Saxifraga* x *arendsii*).

Partner für die Rosen-Symphonie

Die Wahl der Pflanzenpartner, die zeitgleich mit Rosen blühen, erfordert etwas Fingerspitzengefühl. Schließlich sollen sie die Königinnen im Beet nicht dominieren, sondern unterstützen.

› Generell eignen sich Pflanzen mit kontrastierenden Formen. Blütenkerzen von Salvien oder Rittersporn sind ebenso willkommen wie wolkige Dolden, etwa von Schleierkraut oder Frauenmantel.

› Das zweite Kriterium sind die Blütenfarben (→ Seite 8): Für den nostalgischen Look eignen sich Pastell-Rosatöne ebenso gut wie Nuancen von Blauviolett. Gelb, Orange oder Rot wirkt offensiver. Sie sollten sie deshalb nur als Akzent oder in aufgehellter Form verwenden. Geradezu geheimnisvoll wirken sparsam eingesetzte, fast schwarz blühende Sorten von Kornblumen, Kapuzinerkresse oder Taglilien.

Variantenreich: Stauden

Stauden sind exzellente Rosenbegleiter. Glockenblumen (*Campanula*), Rittersporn (*Delphinium*), Salvien (*Salvia*) und Katzenminze (*Nepeta*) führen mit blauvioletten Blüten die Liste an: Unbedingt empfehlenswert sind auch Indianernessel (*Monarda*), Herzblümchen (*Dicentra eximea*) oder schwachwüchsige Storchschnäbel (*Geranium*). Späte Sorten der Pfingstrosen (*Paeonia lactiflora*), etwa 'Madylon', 'Glory Hallelujah' oder 'Sarah Bernard', blühen oft zeitgleich mit den ersten Rosen und passen, trotz der etwas pompösen Blütenform, wegen ihrer Wuchsform und Belaubung sehr gut zu ihnen.

Raffiniert: Zwiebel- und Knollenblumen

Wahre »Seelenverwandte« der Rosen mit nostalgischen Blüten sind echte Lilien – allen voran Trompetenlilien wie die honiggelbe 'African Queen', die rosa 'Pink Perfection' und die weiße Königslilie (*Lilium regale*). Auch orangefarbene Tigerlilien (*Lilium lancifolium*) und die purpurfarbene 'Black Beauty' sind einen Versuch wert. Ein Klassiker ist die Madonnenlilie (*Lilium candidum*), die aber oft vor den Rosen blüht. Kombinationen mit Dahlien erfordern viel Gespür, oft erschlägt ihre Blütenpräsenz die Rosen. Hübsch hingegen machen sich Montbretien (*Crocosmia*), etwa 'Lucifer', die mit glühendem Rot feurige Kontraste zu weißen Rosen setzt.

Filigran: Sommerblumen

Auch einige Sommerblumen lassen sich ausgezeichnet mit Rosen kombinieren. Männertreu (*Lobelia*) und Duftsteinrich (*Lobularia*) legen den Blumenköniginnen einen Teppich zu Füßen; Heliotrop und Levkojen verbreiten ihren Duft; Sommerrittersporn (*Consolida*) und Wicken variieren mit Farben und Formen, und die blauen Kornblumen (*Centaurea*) sind an Romantik wirklich nicht zu übertreffen.

Kombinationen mit Kletterern

EINE POPULÄRE KOMBINATION sind Clematis und Rosen. Neben großblumigen Sorten begeistern Züchtungen von *Clematis viticella*, die sehr viel seltener an der Clematis-Welke leiden. Lachsrote Töne steuern die turbanförmigen Blüten von *Clematis-texensis*-Abkömmlingen bei, und wer Duft mag, wird die kleinblumige *Clematis flammula* 'Rubromarginata' mit ihrem Mandelaroma lieben.

EIN DREAM-TEAM sind weiße Lilien und die leuchtend gelb blühende 'Sterntaler'-Rose. Nicht nur die Blüten, auch die Wuchsform der Lilien harmonieren perfekt mit der hohen, schlanken Gestalt dieser Rose. Hier ist die Osterlilie *Lilium longiflorum* abgebildet, die in unserem Klima allerdings nur bei sehr milden Winterbedingungen winterhart ist und besser im Kübel gehalten wird. Einfacher zu kultivieren ist die ebenfalls reinweiße Auslese der Königslilie *Lilium regale* 'Album'.

ROSEN UND PRIMELN? Um den pastellfarbenen, verblüffenden und in keiner Weise langweiligen Effekt dieser Kombination zu erzielen, pflanzt man spät blühende rosa Etagen-Primel (*Primula x bullesiana*) und die zartfarbene Rose 'Kosmos' in ein Beet, das allerdings nicht zu trocken werden darf. Die Edeldistel bringt einen zusätzlichen Akzent in diese gelungene, elegante Pflanzengemeinschaft.

PRIMA PARTNER Die dicht gefüllten Blüten der 'Rosarium Uetersen' werden durch die charmanten Blüten der *Clematis viticella* stimmungsvoll ergänzt. Italienische Waldreben sind zu empfehlen, weil sie meist besonders gesund bleiben.

Rosenkauf leicht gemacht

Bereits der Kauf einer Rosenpflanze entscheidet über den Erfolg im Beet. Da Rosen zu den beliebtesten Gartenpflanzen gehören, werden sie überall angeboten – zu höchst unterschiedlichen Qualitäten! Ein kritischer Blick beim Kauf ist deshalb die beste Garantie für eine gute Pflanzenwahl.

Auf Qualität achten

Alles in allem lohnt es sich, die Pflanzen bei einer renommierten Baumschule, einem guten Gartencenter oder bei spezialisierten Rosenversendern zu kaufen. Zugegeben – der Preis für einen Rosenstrauch kann hier ein Mehrfaches des Preises bei einem Schnäppchen-Anbieter betragen. Doch eine gute Rosenpflanze wird mindestens 15 Jahre, oft auch deutlich länger, im Garten Freude machen. Durch falsche Sparsamkeit riskieren Sie, dass die ersehnte Rosenpracht sich nicht einstellen will und die Pflanze zum Ärgernis wird.

> Jede Qualitätspflanze trägt grundsätzlich ein Etikett mit dem Emblem des Züchterhauses und dem Namen, unter dem sie gehandelt wird.

> Vorsicht ist immer dann geboten, wenn die Pflanzen keinen Sortennamen tragen. Nicht von ungefähr wurden alle Rosen getauft und können unter diesem Namen eindeutig identifiziert werden. Ersteht man ein Billigangebot etwa einer »Kletterrose rosa«, erhält man meist eine Züchtung, deren Sortenschutz längst abgelaufen ist; fast immer ist auch die Pflanze von minderer Güte. Solche Rosen können trotz akzeptablen Aussehens wenig vital sein und gewöhnen sich nur zögernd an neue Standorte.

> Beim Kauf bei seriösen Rosenanbietern erhalten Sie zudem fachkundige Informationen. Mittlerweile findet man selbst in den Katalogen wichtige und glaubwürdige Angaben zu den Eigenschaften der Rosensorten.

Am Anfang steht die Sortenwahl

Das wichtigste, aber auch schwierigste Kriterium für die Wahl ist die Frage nach der passenden Rosensorte. Die unglaubliche Vielfalt der Züchtungen mag besonders den Roseneinsteiger verwirren. Nehmen Sie sich trotzdem Zeit für die Wahl. Der Vorteil ist, dass Sie dann genau die Sorte finden, die für den gewünschten Platz und Zweck in Ihrem Garten optimal geeignet ist. Je sorgfältiger man auswählt, desto besser ist auf Dauer das Ergebnis.

Wer die 'Sangerhäuser Jubiläumsrose' als hochwertige Jungpflanze kauft und sie entsprechend pflegt, wird lange Freude an ihr haben.

Wurzelnackt oder im Container?

Nachdem Sie sich für eine Sorte entschieden haben, können Sie unter zwei Angebotsformen wählen.

Wurzelnackt Die meisten Rosensorten werden wurzelnackt angeboten – das heißt, man erhält kahle, struppige Sträucher ohne Erde. Auf den ersten Blick sehen sie wenig vertrauenerweckend aus, doch an diesen Rosen gibt es nichts auszusetzen! Man pflanzt sie zwischen Oktober und Ende März, solange der Boden offen ist. Im Sommer nach der Pflanzung blühen öfterblühende Rosen zuverlässig zum ersten Mal; einmal blühende Rambler oder Historische Rosen setzen mit der Blüte ein Jahr später ein. Bei wurzelnackten Rosen kann man in einem riesigen Sortiment schwelgen. Es gibt Rosenschulen, die um die 1000 verschiedene Züchtungen im Programm haben.

Containerrosen Rosen in Pflanzgefäßen, sogenannten Containern, werden meist blühend zwischen April und September angeboten, sodass man ein gutes Bild von Farbe und Duft hat. Hier kommt es sehr darauf an, dass der Topf gut durchwurzelt ist, damit der Wurzelballen der Pflanze beim Austopfen und Setzen ins Pflanzloch nicht auseinanderfällt. Aus diesem Grund sollten junge Containerrosen, die im Frühling kräftig austreiben, erst umgepflanzt werden, wenn die ersten Blüten aufgehen. Der Ballen ist dann stabil genug. Leider wachsen nicht alle empfehlenswerten Gartenrosen in Containern gleich gut. Daher ist das Angebot an Containerrosen grundsätzlich auf Sorten beschränkt, die auch im Gefäß attraktive Pflanzen bilden. Das sagt allerdings nur sehr wenig über die dauerhaften Eigenschaften der betreffenden Sorte im Gartenbeet aus: Sorten, die im Container nur mäßig gut aussehen, können sich im Beet durchaus zu prachtvollen Sträuchern entwickeln.

ADR – das **Gütesiegel**

SICHERHEIT Wer auf Nummer sicher gehen will, wirklich gartenwürdige Rosensorten zu bekommen, sollte sich am ADR-Zeichen orientieren. Dieses Gütesiegel erhalten nur die Sorten, die bei der äußerst strengen »Alldeutschen Rosenprüfung« ausreichend Punkte eingeheimst haben.

PRÜFUNG Die Prüfung wird in unabhängigen Prüfgärten deutschlandweit durchgeführt. Da die Pflanzen dabei nicht mit Pflanzenschutzmitteln behandelt werden, zeigt sich deutlich ihre Wuchs- und Widerstandskraft.

AUSNAHMEN Umgekehrt gilt aber nicht, dass alle Rosen ohne ADR-Siegel minderwertig sind. Zum einen melden Züchter nicht alle Züchtungen zur ADR-Testung an, zum anderen gibt es Sorten, die die erforderliche Punktzahl für das Siegel nur knapp verfehlen. Rosen wie 'Aloha '49' oder 'Ambiente' sind beste Beispiele dafür.

Die beste Starthilfe: richtig pflanzen

Viel Licht und Luft sind optimale Voraussetzungen für gesunde Rosen. Ideal ist außerdem ein tiefgründiger, fruchtbarer Boden an einem ganztags sonnigen Platz. Besonders robuste Sorten nehmen aber selbst mit weniger guten Böden oder halbtägigem Schatten vorlieb – doch das sind Ausnahmen. Rosen lieben leicht saure Böden. Auskunft über den Säuregehalt gibt der pH-Wert. Sie können ihn mit einem pH-Set (Fachhandel) messen. Der Wert sollte bei pH 6,5 liegen. Nach neueren Erkenntnissen darf er auch bis zu pH 5,5 absinken. Zu saure Böden bekommen einmal pro Jahr eine Handvoll Kalk. Ansonsten sorgen organische Dünger und Kompost für ausgeglichene Bodenverhältnisse.

Gut vorbereitet

Da Rosen ihre Wurzeln bis zu 1 Meter tief in die Erde schicken, sollten Sie den Boden vor dem Pflanzen tief durcharbeiten. Im Idealfall kann man die

Hand bis zum Handgelenk in den Boden stecken. Doch alle hier im Buch vorgestellten Sorten – und sehr viele mehr – kommen auch mit weniger optimalen Bedingungen zurecht.

› Weil Rosen keine Staunässe vertragen, sollten Sie für einen guten Wasserabzug sorgen. Schwere tonhaltige Böden können Sie mit eingearbeitetem Sand und Kompost leichter machen, sodass der Boden auf Dauer gut durchlüftet bleibt.

› Sandböden erwärmen sich zwar rasch, und die Rosenwurzeln leiden niemals unter Staunässe. Doch die lockeren Böden trocknen rasch aus und halten die Nährstoffe nicht gut. Denken Sie daran, regelmäßig zu düngen und wenn nötig zu wässern.

› Zur Verbesserung können Sie in nährstoffarme leichte Sandböden Kompost oder mindestens ein Jahr lang abgelagerten Pferde- oder Rindermist (ohne Stroh) einarbeiten.

Wichtig Auf Standorte, an denen länger als ein Jahr Rosen standen, lassen sich nicht ohne Weiteres neue Rosen setzen. Solche Böden sind »rosenmüde«, und neue Rosen gedeihen trotz liebevoller Pflege nicht. Hier können Sie nur neue Rosen pflanzen, wenn Sie zuvor den Boden umfassend austauschen. Dazu wird die vorhandene Erde 80–100 cm tief abgetragen und durch frischen Boden ersetzt. Eine Alternative scheinen neue Präparate mit Mykorrhiza-Pilzen zu sein. Diese Bodenverbesserer ersparen – ins Pflanzloch an die Wurzel gegeben – den Bodenaustausch. Die Pilze vergrößern die Auf-

An einem sorgsam ausgewählten Pflanzplatz kann 'Guirlande d'Amour' ihre ganze Schönheit zur Geltung bringen.

nahmefläche der Wurzeln für Wasser und Nährstoffe und lassen neu gepflanzte Rosen auch unter widrigen Bedingungen wachsen.

Auf Abstand achten

Rosen brauchen Raum: Sie sollten weder zu eng nebeneinander noch zu dicht neben andere Pflanzen gesetzt werden. Stehen sie zu eng, staut sich die Luft, und selbst robuste Sorten werden anfällig für Pilzkrankheiten, weil von Tau oder Regen benetzte Blätter nicht abtrocknen können. Setzen Sie Beet- und Edelrosen deshalb mit 40–50 cm Abstand. Strauchrosen sollten Sie etwa 1 m und Kletterrosen gut 2 m weit auseinander setzen.

PFLANZLOCH GRABEN Wurzelnackte Pflanzen legen Sie eine Nacht vor der Pflanzung in ein mit Wasser gefülltes Gefäß. Containerrosen gießen Sie einen halben Tag vor dem Pflanzen. Das Pflanzloch sollte etwa zwei Spaten tief und breit genug sein, um die Wurzeln, ohne sie zu biegen, aufzunehmen – sonst bildet die Unterlage zu viele Wildtriebe. Hornspäne fördern das Wachstum.

EINSETZEN Ob wurzelnackt oder im Container: Setzen Sie Rosen so ein, dass die verdickte Veredelungsstelle eine Handbreit unter der Erde liegt. Dann ist sie auch in strengen Wintern durch die Erde geschützt, und die veredelte Sorte treibt, auch wenn oberirdische Pflanzenteile erfrieren, im Frühjahr neu aus. Außerdem kann die Edelsorte, je nach Wuchskraft, dann eigene Wurzeln bilden.

ANGIESSEN Füllen Sie vorsichtig rund um die Pflanze Erde auf und gießen Sie an. Dies ist selbst bei Regenwetter unerlässlich, damit die Erde sicher die Wurzeln umschließt und keine Hohlräume entstehen. Bei leichten Böden kann man die Erde behutsam festtreten; bei zu schweren Böden ist Vorsicht geboten. Besonders bei anhaltend nassem Wetter verdichtet sich der Boden unnötig.

Tipptopp im Topf

Grundsätzlich lassen sich alle Rosen zumindest einige Zeit lang in Gefäßen halten, vorausgesetzt, diese sind groß und vor allem tief genug. Einen halben Meter hoch, besser 80 cm, sollten die Gefäße schon sein. Dafür darf der Durchmesser vergleichsweise klein sein; 35–50 cm genügen in den meisten Fällen. Derart gestreckte zylindrische Töpfe werden auch oft als spezielle »Rosentöpfe« angeboten. Am besten sehen im Topf Rosensorten aus, die von sich aus kompakt und geschlossen wachsen. Beetrosen, Edelrosen und niedrige Strauchrosen eignen

sich perfekt und können bei guter Pflege mehrere Jahre im Gefäß bleiben. Stark wachsenden Strauchrosen sowie Kletterrosen wird es nach drei oder vier Jahren meist zu eng im Kübel. Sie sollten dann besser in ein Gartenbeet umziehen.

Das richtige Material

Selbst Puristen, die nur »Echtes« im Garten wünschen, sollten sich gut überlegen, ob Ton oder Terrakotta wirklich die besten Materialien für Rosentöpfe sind. Schließlich sind sie reichlich schwer, und

Die kompakt wachsende 'Ambiente' eignet sich vorzüglich als Kübelrose, vorausgesetzt, die Gefäße bieten den Wurzeln ausreichend Raum.

ihre Frosthärte ist nicht garantiert. Gefäße für Rosen müssen aber frostfest sein, denn Rosen bleiben im Winter draußen und dürfen niemals völlig austrocknen. Meist ist Ton jedoch so porös, dass Wasser eindringen kann. Friert es bzw. pendeln die Temperaturen immer wieder um die 4 °C-Marke, dehnt sich das Wasser auch in kleinsten Rissen aus. Es entstehen Klüfte im Topf, oder das Material platzt ab.

Kunststoff Sehr oft ist Kunststoff, Glasfibermaterial oder Ähnliches bezüglich der Winterhärte deutlich zuverlässiger. Mittlerweile sind Dekore auf dem Markt, die selbst den edelsten, klassischen oder modernen Gefäßen aus Stein oder Terrakotta täuschend ähnlich sehen, aber nur einen Bruchteil dieser Materialien wiegen. Das macht sie viel einfacher in der Handhabung.

Metall Metallgefäße stehen ebenfalls in vielen Varianten zur Auswahl. Sie sind attraktiv, aber nicht ideal, weil sie nicht isolieren, sondern die Außentemperaturen rasch an das Substrat und die Wurzeln weitergeben. Gerade im wechselhaften Frühling bei Kälteperioden leiden die Pflanzen, weil vor allem die empfindlichen austreibenden Wurzeln den Temperaturschwankungen ausgesetzt sind. Stehen die Gefäße allerdings besonders windgeschützt oder inmitten eines wintergrünen Bewuchses, fällt dieser Nachteil nicht so sehr ins Gewicht.

Was kommt in den Topf?

Um Staunässe zu vermeiden, brauchen die Töpfe unbedingt Abzugslöcher. Zusätzlich wird unten eine Schicht Kies oder Blähton (Hydrokultur) etwa 10 cm hoch eingefüllt. So ist der Wasserabzug gewährleistet. Stehen die Töpfe in Untersetzern, müssen Sie überschüssiges Gießwasser unbedingt abschütten. Noch besser: Stellen Sie die Gefäße auf kleine Sockel – zur Not tun es auch einfache Backsteine –, so kann Regen- und Gießwasser jederzeit abfließen. Als Pflanzsubstrat ist spezielle Rosenerde erste Wahl. Sie ist ihr Geld wert, da sie sowohl hinsichtlich der Nährstoff-Zusammensetzung als auch der Struktur auf die Bedürfnisse der Rosen ideal zugeschnitten ist: Sie behält ihre lockere Struktur, sodass stets ausreichend Luft an die Wurzeln gelangt.

In Töpfe gepflanzt bieten nostalgische Rosen – hier 'Darcey Bussel' – vielfältige Kombinationsmöglichkeiten.

Das perfekte Rosendinner: gießen und düngen

Ohne Nachschub an Wasser und Nährstoffen geht es nicht – schließlich bilden die Rosen mehrfach im Sommer Blätter und Blüten aus. Beim Gießen und auch beim Düngen ist jedoch Augenmaß angesagt.

Gießen mit Gefühl

Gut eingewachsene Rosenpflanzen besitzen tief reichende Wurzeln, die Blüten und Blätter auch bei vorübergehender Trockenheit versorgen. Je nach Bodenart ist nur bei mehr oder weniger langen Trockenperioden Wässern erforderlich. Meist reicht es, wenn Sie dann alle 14 Tage gründlich gießen.

Anders sieht es bei jungen Rosenpflanzungen aus. Hier sind die Wurzeln der Rosenstöcke noch nicht voll entwickelt und die Pflanzen brauchen im ersten Jahr etwas Starthilfe. Regelmäßiges Gießen ist nötig: Spätestens wenn junge Triebe und Knospen etwas kippen, tritt der Wasserschlauch in Aktion. Generell gilt: Gießen Sie nie über die Blätter! Wasser auf dem Laub macht anfällig für Pilzkrankheiten. Legen Sie den Schlauch direkt an die Wurzeln. Lässt sich die Beregnung über das Laub nicht vermeiden, wässern Sie nach Sonnenunter- oder vor Sonnenaufgang. Durch die niedrigere Lufttemperatur ist das Risiko von Pilzbefall dann geringer.

Mein Tipp Sehr gut für diese Zwecke eignen sich die altmodischen perforierten Rasenbewässerungsschläuche mit ihren auf ganzer Länge verteilten Löchern. Im Rosenbeet dreht man sie mit den Löchern nach unten um, damit das kühle Nass direkt zu den Wurzeln gelangt. Bei einem Durchgang sollte der Boden 50 cm tief durchdrungen werden. Diese Wassergabe reicht dann meist für zwei Wochen aus.

Hacken und mulchen Wer Wasser sparen will, hackt nach dem Gießen die Bodenoberfläche mit einem engen Kultivator durch. So werden die Zugänge, die das Wasser sich gebahnt hat, durch Bodenkrümel verschlossen. Das Wasser verdunstet nicht, sondern wird voll von den Pflanzen genutzt. Den gleichen Effekt hat eine Mulchschicht. Dafür eignet sich alles klein gehäckselte Pflanzenmaterial.

Knackig gesundes Laub, üppiges Wachstum, reiche Blüte – mit dem rechten Maß an Dünger zeigt 'Rosarium Uetersen', was in ihr steckt.

Chlorosen zeigen sich, wenn zu wenig Eisen verfügbar ist; eine Lockerung des Bodens und eventuell ein Aufkalken schaffen Abhilfe.

Beim Stickstoffmangel vergilben die Blätter, und die Triebe wachsen deutlich schwächer. Führt man Stickstoff zu, erholt sich die Rose rasch wieder.

Auch Rosen haben Appetit

Rosen brauchen regelmäßig die Nährstoffe Stickstoff, Phosphor, Kalium, Kalzium und Magnesium sowie Spurenelemente. Sie alle sind in handelsüblichem Rosendünger enthalten. Manche Dünger enthalten relativ viel Kalium. Es stärkt die Zellwände und macht die Rosen widerstandsfähiger.

Verschiedene Dünger Der Handel bietet organische und mineralische Dünger. Egal, wofür Sie sich entscheiden: Befolgen Sie die Dosierungsangaben auf der Packung. Wer mit Kompost, Hornspänen oder gut abgelagertem Mist (ohne Stroh) düngt, muss darauf achten, die Pflanzen nicht zu überdüngen, sonst werden sie anfällig für Pilzbefall. Meist reicht eine Handvoll Hornspäne oder eine 5-cm-Schicht Kompost oder Mist, die man flach einarbeitet.

Wie oft düngen? Gedüngt wird maximal dreimal im Jahr. Die erste Portion gibt man beim Austrieb etwa Mitte April. Die zweite Ration bekommen die Rosen zur ersten Hauptblüte Anfang Juni. In durchlässigen Böden oder bei Nährstoffmangel kann

sechs Wochen später eine dritte Gabe sinnvoll sein. Ab Mitte Juli nicht mehr düngen, sonst wird das Wachstum zu spät angeregt. In der Folge reifen die letzten Triebe nicht mehr aus und erfrieren.

Gefäße brauchen Extrawasser

GEFÄSSE KÖNNEN sich enorm aufheizen und verlieren sehr viel mehr Feuchtigkeit als ein Beet. Gießen Sie deshalb Rosen im Topf regelmäßig. Vor allem bedeckte Sommertage sind gefährlich. Denn während bei Hitze jeder daran denkt, rechtzeitig zu gießen, vergisst man an bedeckten Tagen, an denen es vielleicht auch etwas regnet, das Gießen leicht. Diese Regenmengen reichen den Pflanzen aber nicht, die Erde im Topf wird nur oberflächlich feucht. Wie jedes Gehölz vertragen Rosen das Austrocknen extrem schlecht. Sie reagieren mit schlechter Blüte, verzögertem Durchtrieb oder Krankheiten.

Gewusst wie: der Rosenschnitt

Ziel des Rosenschnitts ist es, das Wachstum der Pflanzen anzuregen, sodass sie viele blütenreiche Triebe bilden. Die hier vorgestellten nostalgischen Rosen sind alle öfterblühend und werden nach dem gleichen Prinzip im Frühling geschnitten.

Die richtige Schnitttechnik

Nur eine glatte Schnittstelle heilt zügig und es können kaum Krankheitserreger in die Pflanze eindringen. Solch ein glatter Schnitt gelingt jedoch nur mit optimalem Werkzeug. Wählen Sie eine sogenannte Bypass-Schere. Bei ihr laufen beide Klingen aneinander vorbei. Mit Leichtigkeit erzielt man durch die zwei scharfen Klingen eine saubere Schnittstelle. Bei Amboss-Scheren dagegen trifft die scharfe Klinge auf den stumpfen Amboss. Die Triebe werden gequetscht, und es entstehen faserige Wunden.
Zum Schneiden setzen Sie die Schere wenige Millimeter über einem sogenannten Auge an. Diese Augen sitzen bei Rosen jeweils am Blattansatz. Vor dem Laubaustrieb sind sie als feine Querstriche auf dem Trieb zu erkennen. Im fortschreitenden Frühling schwellen sie an und wachsen zu zarten Trieben aus. Selbst auf diese jungen Triebe kann man ohne Weiteres zurückschneiden.

Wie stark schneiden?

Als Faustregel gilt: Starke Triebe werden schwach, schwache Triebe stark zurückgeschnitten. Dicke Triebe bilden ein kräftiges, neues Triebgerüst, dünne Ästchen nur schwache Zweige. Letztere schneidet man deshalb oft auf ein einziges Auge zurück.
Beet- und Edelrosen Rosen dieser beiden Gruppen schneidet man grundsätzlich auf drei bis fünf Augen zurück. Allzu genau müssen Sie aber nicht zählen: Die meisten Neuzüchtungen sind sehr wuchskräftig und treiben sogar auch dann willig noch aus, wenn man alle Triebe gleichmäßig auf etwa 20 cm Höhe einkürzt.
Strauch- und Kletterrosen Rosen dieser Gruppen bilden von sich aus sehr kräftiges Holz. Sie dürfen deshalb relativ lange Triebe mit vielen Augen behalten. Alle Triebe, die dünner als ein Bleistift sind, entfernt man komplett direkt an der Ansatzstelle. Stehen zwei Triebe sehr dicht beieinander, entfernt man den schwächeren der beiden. Bei gleicher Stärke schneidet man den weiter im Zentrum der Pflanze liegenden Trieb ab. So haben die neu entstehenden Triebe Licht, Luft und Platz, sich zu gut entwickeln und reich zu blühen.
Grundsätzlich gilt: Schneiden Sie immer auf Augen zurück, die nach außen weisen. So bekommt der Strauch eine gefällige Form.

Der richtige **Termin**

EINEN EINHEITLICHEN TERMIN für den Rosenschnitt gibt es nicht. Der Zeitpunkt kann, je nach Klimaregion und Witterung, deutlich variieren. Als Faustregel für den frühesten Termin kann das Einsetzen der Forsythienblüte – meist Anfang April – gelten. Sehr vorsichtige Gärtner schneiden sogar erst Ende April. Das ist für die Pflanze kein Nachteil, da sie zunächst aus Reserven der Rinde unmittelbar am betreffenden Auge austreibt. Ein später Rückschnitt kostet die Pflanze also nicht unnötig Kraft.

1 Beim Rückschnitt im Frühling werden abgestorbene, zu kleine und zu dicht stehende Triebe ansatzlos entfernt.

2 Während der Blütezeit schneidet man verblühte Blüten über einem voll entwickelten Blatt ab. Auch Rosen für die Vase werden so geschnitten.

3 Edel- und Beetrosen werden tief zurückgeschnitten. Durch diesen Rückschnitt können sie im Frühjahr wieder neue, kräftige Triebe bilden.

4 Strauch- und Kletterrosen besitzen ausgesprochen kräftige Triebe. Man schneidet sie nur wenig zurück. Nur schwache Triebe entfernt man ganz.

Verblühtes entfernen

Damit öfterblühende Rosen tatsächlich den ganzen Sommer blühen, entfernt man regelmäßig alles Verblühte. Einzeln stehende Blüten schneidet man auf das erste voll entwickelte, fünfteilige Laubblatt, das nach außen weist, zurück. Bei Blütenbüscheln putzt man bei Bedarf die ersten verblühten Blüten aus und schneidet das ganze Büschel erst ab, wenn auch die letzte Knospe vergangen ist. Auch hier zeigt das erste voll entwickelte, nach außen weisende Laubblatt an, wo geschnitten wird.

Keine Chance für Wildtriebe

Immer wieder kommt es bei veredelten Rosen vor, dass aus der Unterlage unterhalb der verdickten Veredelungsstelle Wildtriebe schießen. Sie sind nicht erwünscht, weil sie nicht die Eigenschaften der Edelsorte besitzen und ihr Licht und Kraft streitig machen. Wildtriebe erkennt man an der hellgrünen Farbe und den meist kleineren, hellen, stets sieben-teiligen Blättern. Schneiden Sie Wildtriebe nie ab, sie wachsen sonst noch stärker nach, sondern reißen Sie sie an der Ansatzstelle an der Wurzel ab.

Kletterrosen waagerecht ziehen

Augen treiben vor allem an den Triebspitzen kräftig aus. Häufig blühen die Pflanzen deshalb an der Spitze reich, aber verkahlen von unten her. Binden Sie die langen Triebe der Kletterrose deshalb waagerecht am Klettergerüst an. So treiben die Augen auf der ganzen Trieblänge aus, und es entstehen reichlich Blüten. Dieses »Spreizen« der Triebe empfiehlt sich besonders zum Begrünen von Mauern und Zäunen. Auch bei Rosen, die an Stützen wie Obelisken oder Säulen wachsen, kann man durch eine abgewandelte Spreiztechnik die Blütenbildung anregen. Hierzu leitet man die Triebe spiralig um die Rankhilfe nach oben. Je flacher der Neigungswinkel bei diesem »Kreiseln« ist, desto zuverlässiger werden die Pflanzen zur Blüte angeregt.

Ein Muss: romantische Rosenbäumchen

Stammrosen sind nicht nur sehr attraktiv, sondern bieten auch einige praktische Vorteile.

› Zum einen sparen sie Platz. Auf dem schlanken Stamm sitzt die Krone mit Blättern und Blüten sozusagen in der ersten Etage. So lassen sich zusätzliche Rosen in ein Rosenbeet integrieren, aber auch inmitten eines Staudenbeets oder einer Buchsbaumheckenpflanzung sind Rosenbäumchen ganz bezaubernd. Besonders stimmig wirken sie als Mitte oder Reihe in einem Kräutergärtchen.

› Der zweite Vorteil ist, dass viele Rosensorten, die als Busch gezogen früh an Sternrußtau oder anderen Pilzen erkranken, auf einen Stamm veredelt gesünder bleiben. Denn in luftiger Höhe können die Blätter rascher abtrocknen, und Pilzkrankheiten haben weniger Chancen.

› Das entscheidende Plus von als Stämme gezogenen Rosen besteht jedoch darin, dass die Blüten – je nach der Stammform – quasi in Nasenhöhe sitzen (→ Seite 25, Info). Aus diesem Grund sollten Sie in erster Linie intensiv duftende Sorten als Stammrosen wählen. Da viele stark duftende Rosen zudem anfälliger für Pilzbefall sind als schwächer duftende, sind sie auch unter dem Gesichtspunkt der einfacheren Pflege als Stammrose besonders interessant.

Kompakte Sorten sind ideal

Damit ein Rosenbäumchen eine harmonische Form entwickelt, sollte man dafür nur geschlossen und buschig wachsende Sorten wählen. Sehr schöne Beispiele unter den Edelrosen sind 'Ambiente', 'Jubilee Celebration' oder 'Elbflorenz'. Opulente Formen entstehen mit Strauchrosen wie 'Lady Emma Hamilton'.

Ohne Stütze geht es nicht

Jede Stammrose braucht eine zuverlässige Stütze. Denn voll entwickelte Hochstämme und Kaskaden müssen das oft immense Gewicht der Krone mit ihren Trieben, Blättern und Blüten tragen. Kommen

Auch als Stämmchen eine Schau: Die cremeweiße 'Ambiente' und die apricotfarbene 'Barock' prunken mit einer rosa Kollegin um die Wette.

dann noch Wind, Regen oder Schnee dazu, kann die ganze Krone brechen.

Aus welchem Material – Holz oder Metall – die Stütze besteht, ist unerheblich. Wichtig ist nur, dass sie dauerhaft stabil ist. Am besten setzt man sie direkt bei der Pflanzung ein. Sie sollte so lang sein, dass sie deutlich in die Krone ragt.

Anbinden und schneiden

Stammrosen müssen unbedingt an zwei Stellen (Stamm und Krone) mit Schlaufen an ihrer Stütze befestigt werden. Geeignet dafür sind Kautschukbänder, mit Kunststoff ummantelter Draht oder Kokosstricke. Umschlingen Sie den Stamm mit dem Bindematerial und überkreuzen Sie die Bandenden, sodass eine zur Stütze hin noch offene Acht entsteht. Dann binden Sie die Enden an der Stütze fest. Die Überkreuzung zwischen Trieb und Stütze verhindert, dass die Rinde am Stützpfahl scheuert. Natürlich muss der Stamm eng genug angebunden werden, damit er stabil steht. Die Schlaufe darf aber keinesfalls in die Rinde einschneiden; etwas Spielraum für das Dickenwachstum des Stamms muss bleiben. Kontrollieren Sie beim Rückschnitt im Frühling, ob die Schlaufen zu eng sitzen oder noch fest genug sind, und greifen Sie, wenn nötig, korrigierend ein.

Übrigens: Auf die gleiche Weise befestigen Sie die Triebe von Kletterrosen an den Rankhilfen.

Rosenstämmchen schneiden Stammrosen werden genauso geschnitten wie die buschigen Varianten (→ Seite 22). Bei den Bäumchen achtet man aber stärker auf eine ausgewogene Strauchform. Sehr hilfreich ist dabei das konsequente Schneiden auf nach außen weisende Augen. Auch werden die untersten Triebe stärker beschnitten, damit die Kugelform an der Basis »einzieht«.

Rosenpracht in allen **Etagen**

Stammrosen bestehen aus einer Unterlage, die Wurzel und Stamm bildet. Darauf wird die gewünschte Rosensorte veredelt. Je nach Stammhöhe unterscheidet man:

FUSSSTAMM	Die Stammhöhe liegt unter 50 cm. Als veredelte Sorten kommen Zwerg- oder sehr kompakte Beetrosen infrage. Fußstämme eignen sich prima als Kübelpflanzen.
HALBSTAMM	Hier beträgt die Stammhöhe rund 50 cm. Neben kompakten Beetrosen werden auch sehr gedrungen wachsende Edelrosen angeboten.
HOCHSTAMM	Der Stamm ist ca. 90 cm hoch. Fast alle Rosen-Kategorien eignen sich für diese Höhe.
KASKADEN	Für Kaskaden veredelt man auf 1–1,5 m hohe Stämme Strauch- und besonders Kletterrosen mit anmutig überhängendenTrieben – ein Blickfang in jedem Garten.

Wenn Rosen mal Probleme machen

Auch bei liebevoller Pflege können sich bei Rosen Krankheiten und Schädlinge einstellen. Mit ein paar einfachen Maßnahmen können Sie jedoch dafür sorgen, dass sich die Plagegeister in Grenzen halten.

› Pflanzen Sie Ihre Rosen nur an einen optimalen Standort. Ein passender Boden und angemessene Wasser- und Düngerzufuhr sind die besten Voraussetzungen für dauerhaft gesunde Rosen.

› Vermeiden Sie unbedingt Rosensorten, die als anfällig bekannt sind, egal, wie schön die Blüten oder wie intensiv ihr Duft auch sein mögen.

Blattläuse werden erst in Massen ein Problem. Marienkäfer, die sich oft ein bis zwei Wochen später einstellen, sind hilfreiche Nützlinge.

Blattrollwespen sind leicht an den eingerollten Blatträndern zu erkennen. Befallene Blätter sammelt man sofort ab und entsorgt sie in der Mülltonne.

Ungebetene Gäste: Schädlinge

In fast jedem Jahr treten verschiedene Schädlinge auf. Wichtig ist, dass Sie Ihre Rosen regelmäßig kontrollieren, um die lästigen Kostgänger möglichst zeitig zu entdecken. Dann hält sich der Befall meist noch in Grenzen, und Sie brauchen nicht gleich zu chemischen Mitteln zu greifen.

› Blattläuse lassen sich zunächst mit den Händen abstreifen. Bei leichtem Befall hilft auch das Einsprühen mit Schmierseifenlösung. Oft stellen sich auch natürliche Feinde wie Marienkäfer oder Florfliegen ein, die die Plagegeister in Schach halten.

› Blattrollwespen können Sie an den eingerollten Blättern, in denen die Larven heranwachsen, erkennen. Entfernen Sie befallene Blätter und entsorgen Sie sie in der Mülltonne.

› Während Spinnmilben fast nie im Rosenbeet zu finden sind, machen sie Kletterrosen, die an einer warmen Mauer wachsen, oft sehr zu schaffen. Auch Rosen, die an exponierten Südstandorten mit mageren Böden oder in Gefäßen an Plätzen mit sehr wenig Luftbewegung stehen, sind gefährdet. Meist sitzen Spinnmilben an der Blattunterseite und verraten sich durch hauchfeine Gespinste.

Hilfe aus dem Fachhandel Erst bei stärkerem Befall sollten Sie zu Pflanzenschutzmitteln greifen. Gut bewährt hat sich Neemöl (auch Niemöl). Der Extrakt aus den Samen eines tropischen Baums bewirkt, dass Schädlinge nicht mehr fressen und nach kurzer Zeit eingehen. Neemöl gilt als nützlingsschonend und ist für Warmblüter ungefährlich. Auch Mittel auf Paraffinölbasis wirken gegen eine Vielzahl von Schädlingen. Weil Spinnmilben nicht zu den Insekten, sondern zu den Spinnentieren gehören, sind Insektizide gegen sie nicht wirksam. Gegen diese Schädlinge kommen spezielle Mittel, sogenannte Akarizide, zum Einsatz.

Wichtig Wenn Sie Pflanzenschutzmittel anwenden, sollten Sie sich im Fachhandel gründlich beraten lassen, die Präparate nur nach Anweisung auf der Verpackung anwenden und sicher aufbewahren.

Pilzkrankheiten gründlich bekämpfen

Pilzkrankheiten sind sehr hartnäckig. Vor allem Rosenrost, Sternrußtau sowie Echter und Falscher Mehltau können Rosen schwer zu schaffen machen.

› Die beste Vorbeugung gegen Pilzkrankheiten ist eine sorgfältige Sortenwahl, denn die Widerstandskraft der einzelnen Rosensorten gegen Pilze ist sehr unterschiedlich ausgeprägt. Alle Sorten mit guter Widerstandskraft gegen Pilzerreger sind deshalb die erste Wahl für jede Pflanzung.

› Doch auch diese Sorten sind nicht unverwundbar. Je länger eine pilzresistente Rosensorte im Umlauf ist, desto eher können Pilze Formen entwickeln, die die Widerstandskraft der Pflanzen durchbrechen. Robuste Rosensorten überstehen den Befall jedoch und regenerieren sich aus eigener Kraft.

Erste Hilfe Bei allen Pilzkrankheiten ist das oberste Gebot, befallene Blätter sofort zu entfernen. Abgefallenes Laub entsorgen Sie separat. Niemals auf den Kompost geben, sonst werden andere Rosen im Garten angesteckt, wenn man den Kompost wieder ausbringt.

Macht sich ein Pilz dauerhaft breit, helfen nur Pflanzenschutzmittel, um wenigstens die neuen Austriebe vor Befall zu schützen. Im Fachhandel erhalten Sie geeignete Präparate. Falls Sie gezwungen sind, Pilze öfter zu bekämpfen, sollten Sie das Präparat immer wieder wechseln, damit sich in Ihrem Garten keine Resistenzen gegen die Mittel ausprägen.

Ein so starker Befall mit Echtem Mehltau lässt sich nur durch Fungizide bekämpfen. Schwächerer Befall wächst sich bei den meisten Sorten wieder aus.

Falscher Mehltau ähnelt oft dem Sternrußtau. Die Flecken werden aber blattunterseits von weißlichem Belag begleitet. Ein luftiger Standort beugt vor.

Sternrußtau ist weit verbreitet. Die zunächst kleinen sternförmigen Flecken schließen sich zu dunklen Zonen zusammen, das Laub stirbt und fällt ab.

Bei Rosenrost tragen die Blattunterseiten gelbliche Sporenlager, an der Oberseite finden sich helle Punkte, die zu abgestorbenen, größeren Zonen werden.

Fit durch den Winter

In vielen Gegenden Deutschlands sind die Winter mittlerweile so mild, dass Sie um Ihre Rosensträucher auch ohne besondere Maßnahmen bei Frost nicht fürchten müssen. Auch sind neuere Züchtungen deutlich kälteresistenter als die zarten Teehybriden, Noisetterosen oder die ersten Polyantharosen, die unsere Großeltern begeisterten. Voraussetzung für ein ruhiges Gärtnergewissen während des Winters ist allerdings, dass die empfindliche Veredelungsstelle bei der Pflanzung etwa eine Handbreit tief unter die Erdoberfläche gesetzt wurde. Selbst wenn unerwartet strenge Fröste die oberirdischenTriebe absterben lassen, kann die Pflanze im Frühjahr dann aus der Basis wieder austreiben.

Ein Wintermantel für die Rosen

Wer auf Nummer sicher gehen möchte, sollte auch in milden Regionen ein paar Maßnahmen beherzigen, mit deren Hilfe Rosen gut durch den Winter kommen. In rauen Gebieten ist ein guter Winterschutz sowieso unerlässlich. Bedenken Sie: Meist sind es die späten Fröste im Februar und März, die den größten Schaden bei früh austreibenden Rosen anrichten.

Anhäufeln im Spätherbst Rechtzeitig vor dem Wintereinbruch sollten Sie die Rosen anhäufeln.

› Zum Anhäufeln eignet sich Gartenerde oder Kompost. Sie können aber auch gut verrotteten Mist verwenden. Er liefert beim Abhäufeln im Frühjahr gleich die Startdüngung für einen kraftvollen Austrieb. Verwenden Sie zum Anhäufeln möglichst keinen Torf. Er lässt den Boden auf Dauer versauern. Außerdem gefährdet Torfabbau die Moore.

› Beet- und Edelosen sollten Sie etwa 20 cm hoch mit Erde anhäufeln. Bei Strauchrosen darf der Hügel gern doppelt so hoch sein.

› In strengen Wintern sollten Sie Beet- und Edelrosen zusätzlich mit Fichtenreisig abdecken. Das verhindert ein Abflachen der Hügel durch Regen und wühlende Tiere.

Nachdem die Krone mit Stroh – oder auch mit Fichtenreisig – ausgestopft wurde, umwickelt man sie mit einer Lage luftdurchlässigem Vlies.

› Die langen Triebe der Kletterrose sind Wind und Wetter besonders ausgesetzt und brauchen deshalb einen dicken Wintermantel. Man packt sie am besten mitsamt Rankhilfe mit schuppenartig angeordneten Fichtenzweigen ein. Vliese oder Sackleinen leisten ebenfalls gute Dienste.

Wichtig Dichte, luftundurchlässige Kunststofftüten oder Müllsäcke eignen sich als Winterschutz überhaupt nicht. Unter ihnen steigen die Temperaturen bei Sonnenschein so hoch, dass die Pflanzen beginnen auszutreiben. Fällt die Temperatur dann in der Nacht wieder auf Minusgrade, erfrieren die Austriebe unweigerlich.

Sensible Hochstämme brauchen Schutz

Stammrosen sind im Winter besonders gefährdet, weil ihre Veredelungsstelle über der Erde liegt und dem Frost deshalb besonders stark ausgesetzt ist. In den meisten Wintern reicht es aus, die Veredelungsstelle eines Rosenbäumchens mit Stroh und Fichtenreisig dick zu umwickeln und die leicht zurechtgestutzte Krone mit Stroh auszupolstern. Anschließend wird sie mit einer Schutzschicht aus Vlies umhüllt.

In extrem kalten Regionen können Sie junge Rosenbäumchen, deren Stamm noch biegsam ist, auch mit einer anderen Methode gut durch den Winter bringen. Dabei biegen Sie das Stämmchen um, sodass die Krone in eine vorbereitete Bodenkuhle zu liegen kommt, und befestigen das Stämmchen mithilfe von Pflöcken und einer Schnur. Anschließend bedecken Sie die Krone und die Veredelungsstelle mit lockerer Erde. Auch eine Mischung aus Erde und Laub hat sich bewährt. Wichtig ist, dass Sie bei dieser Prozedur sehr vorsichtig zuwege gehen, damit der Stamm nicht bricht.

Die Gefäße der Kübelrosen werden mit dämmendem Material eingepackt. Die kahlen Sträucher bekommen einen warmen Mantel aus Fichtenreisig.

Frühlingserwachen

Etwa Ende März können Sie den Winterschutz entfernen. Halten Sie Vlies und Co. aber noch griffbereit. Falls es noch einmal kalt wird, können Sie Ihre Pflanzen rasch wieder abdecken.

Winterschutz für Topfrosen

Wurzeln von Topfrosen sind Frost besonders ausgesetzt – ein Winterschutz ist unumgänglich.

STANDORT Stellen Sie Topfrosen im Winter an eine vor Wind und Sonne geschützte Stelle.

ISOLIERUNG Packen Sie die Gefäße 10 cm dick mit Noppenfolie oder Sackleinen ein. Kleinere Töpfe stellen Sie in ein größeres Gefäß und füllen den Zwischenraum mit Laub oder Holzwolle. Oberirdische Triebe schützen Sie mit Reisig oder Vlies.

WICHTIG Die Erde im Topf sollte nicht ganz austrocknen. Gießen Sie an frostfreien Tagen etwas.

Nostalgierosen-Porträts

Eine Auswahl der »besten Rosen« kann nur subjektiv sein, weil sie auf persönlichen Wahrnehmungen und Erfahrungen beruht. Trotzdem ist sie eine wertvolle Hilfe. Hier finden Sie praxisnahe Informationen zu meinen persönlichen Rosenfavoriten.

Die besten nostalgischen Rosen

Ob Nostalgie-, Märchen-, Romantica- oder Englische Rosen – allen hier vorgestellten Sorten gemeinsam ist die nostalgische Anmutung der Blüte. Fast immer handelt es sich um sehr dicht gefüllt blühende Züchtungen. Ihre Eigenschaften und Ansprüche sind im Wesentlichen gleich:

› Hinsichtlich ihres Wuchses entsprechen sie modernen Züchtungsstandards. Sie sind bei hinreichender Pflege robust und krankheitsresistent. .

› Nostalgische Rosen sind öfterblühend und stehen von Juni bis in den Herbst in Blüte.

› Die Rosen brauchen fruchtbare Böden und viel Sonne. Ihre Ansprüche an Gießen, Düngen und Schneiden sind gleich (→ Seite 20–23). Die wenigen Abweichungen sind in den Porträts vermerkt.

› Unterschiede bestehen in erster Linie in ihrer Wuchsform und -höhe. So finden sich vier Gruppen – Beetrosen, Edelrosen, Strauchrosen und Kletterrosen – im Porträtteil. Natürlich sind die Grenzen zwischen diesen Klassen fließend, und so manche Sorte kann auch anders kategorisiert werden.

Ganz wichtig Die Eigenschaften einer Rosensorte können je nach Standort und Klima variieren. Alle Angaben, besonders die der Pflanzenhöhe und Duftintensität, sind daher Richtwerte, bei denen leichte Abweichungen vorkommen können.

Oldtimer und Newcomer

Auf den folgenden Seiten sind neben bewährten Sorten auch solche berücksichtigt, die erst in den letzten Jahren von den Züchtern vorgestellt wurden. Auch deren Auswahl wurde sehr sorgfältig und nach Beratung mit mehreren Fachleuten getroffen. Sorten, die mir besonders ans Herz gewachsen sind und die sich als Prototypen ihrer Gruppe empfehlen, habe ich ausführlicher beschrieben.

Meilland 2003

Red Leonardo da Vinci

HÖHE/BREITE 60 x 50 cm | **BLÜTENGRÖSSE**
7–8 cm | **FARBE** sattes Johannisbeerrot

Rot, die Farbe der Leidenschaft und der Liebe, ist nach Ansicht der meisten Zeitgenossen die »klassische« Rosenfarbe – je dunkler, desto besser. Beete, in denen dunkelrote Blüten prunken, stehen darum ganz oben auf der Wunschliste der meisten Gartenfreunde. Immer schon gab es vorzügliche Beetrosen in dieser Farbe. Sorten, die dunkelrote Blüten mit nostalgisch dichter Füllung und der begehrten Kugelform auf kompakten, zuverlässig gesunden und vitalen Sträuchern hervorbringen, waren jedoch lange Zeit weit und breit nicht zu finden.

Dieses Warten hatte ein Ende, als 'Red Leonardo da Vinci' im Jahr 2003 vorgestellt wurde. Rasch überzeugte sie selbst Skeptiker und wurde zur festen Größe in den Gestaltungen von Gartenplanern, Profi- und Hobbygärtnern.

Damit die Farbe nicht zu massiv wirkt, sollten feine, leichte Begleiter den Zauber dieser roten Rose unterstreichen. Nobel und sehr wirkungsvoll für die dunklen Blüten ist ein silberner Rahmen aus hellgrau belaubten Stauden. Wollziest (Stachys byzantina) mit seinem flauschigen Laubteppich oder Currykraut (Helichrysum italicum) sind sehr gute Lösungen, wenn man ihre Blüten entfernt, sodass nur das Laub seine Wirkung entfaltet. Weiße Polsternelken (Dianthus grantianopolitanus) mit oder ohne rotem Auge sowie weißes Teppich-Schleierkraut (Gypsophila repens) machen sich ebenfalls zauberhaft. Wenig bekannt, aber äußerst reizvoll sind die

 sonnig halbschattig für Kübelhaltung geeignet

silbrig belaubten, leuchtend blau blühenden Arten von kriechendem Ehrenpreis *(Veronica)*.

Blüte Aus der kugeligen Knospe von 'Red Leonardo da Vinci' formt sich die Blütenschale, deren äußere Blütenblätter oft am Rand aufrecht stehen bleiben. Gerade beim ersten Flor im Juni sehen die halb geöffneten Blüten etwas zerknautscht aus, doch das verliert sich später. Die dichte Füllung verwirbelt sich sehr hübsch im Zentrum; gelegentlich bildet sich sogar die von Rosennostalgikern ersehnte geviertelte Rosette. Das saubere, sehr schöne, satte Johannisbeerrot ist beim ersten Blütenschub relativ dunkel. Im Spätsommer und Herbst ist die Blüte eine Spur heller gefärbt und erinnert farblich an einen Früchtetee.

Duft Der leichte bis mittelstarke Duft mit einer süßen Note rundet die Schönheit der Blüten ab.

Wuchs Die Pflanze zeigt sich sehr robust und bringt zahlreiche, dicht mit gesundem, glänzendem Laub besetzte Triebe hervor. Die Blüten stehen in kleinen Büscheln zusammen, selten sind es mehr als sechs. Da sich aber immer wieder neue Triebe blicken lassen und weil die Pflanze zügig durchtreibt, sind übergroße Blütenbüschel auch gar nicht erforderlich. Im Gegenteil – so bildet diese Sorte einen angemessenen, attraktiven Kompromiss zwischen Edelrose und reiner Farbenrose. Der rot gefärbte Austrieb bringt zusätzlich Temperament ins Beet. 'Red Leonardo da Vinci' wächst geschlossen und ist perfekt geeignet für dicht bepflanzte Beete.

Besonderes Der Name dieser Sorte dockt an eine andere, etwas früher gezüchtete erfolgreiche Rose des französischen Züchterhauses Meilland an: 'Leonardo da Vinci'. Diese blüht in strahlendem Rosa. Sie ist weder eine ausgesprochene Beetrose, weil sie durchaus Meterhöhe erreichen kann, noch verfügt sie über eine besonders gute Blattgesund-

heit. Die rot blühende 'Red Leonardo da Vinci' hat bis auf ihre Blütenform nur wenig Ähnlichkeit mit ihrer rosa Vorgängerin und ist auch züchterisch nicht mit ihr verwandt. Die Gartentugenden der neuen Sorte übertreffen die der älteren Sorte deutlich. So ist dem Universalgenie der italienischen Renaissance doch noch eine wirklich gute, gartenwürdige und sozusagen »krisenfeste« Sorte gewidmet worden.

Freischwimmer für Rosen

JEDER ROSENLIEBHABER kennt es: Ein Blütenbüschel ist fast abgeblüht, man möchte es eigentlich ganz entfernen, wenn sich nicht hier und da noch Nachzügler-Knospen öffnen würden. Immer wieder kommt es auch vor, dass sehr schöne Blüten abbrechen. In solchen Fällen können Sie noch offene Rosenblüten mit einem etwa zentimeterlangen, frisch angeschnittenen Stiel in eine Schale Wasser legen, sodass sie frei schwimmen. Zwei bis drei Tage lang verbreiten sie dann noch ihren Duft und gute Laune im Wohnzimmer – ein Genuss, auf den Sie nicht verzichten sollten.

Kordes 2002

Lion's Rose

HÖHE/BREITE 70 x 50 cm | **BLÜTENGRÖSSE** ca. 8 cm | **FARBE** zart pfirsichfarben bis creme

Diese gesunde, pflegeleichte Sorte ist eine wirkliche Bereicherung des Beetrosensortiments. Sie passt sich perfekt in viele Gestaltungsideen ein, bei denen es auf in zart schimmernden Farben blühende Rosen ankommt. Die pfirsichfarbenen Schattierungen des Cremetons verleihen den jungen Blüten von 'Lion's Rose' Leben und lassen – trotz der pastellenen Farbe – keine Langeweile aufkommen.

Blüte Die kleinen, eiförmigen Knospen öffnen sich rasch zu hübschen, dicht gefüllten Blüten, die ziemlich regenfest sind. Wie bei vielen in solch feinen Far-

ben blühenden Rosen sind die Knospen zuerst intensiver getönt. Hier handelt es sich um einen weichen Pfirsichton. Er hält sich beim Aufblühen noch an der Basis der Petalen, ehe er sich in creme auflöst.

Duft Diese Rose duftet sehr leicht und lieblich.

Wuchs Die Pflanzen wachsen kompakt und buschig. Ihre Triebe sind kraftvoll genug, um die reich mit Knospen und Blüten besetzten Büschel zu tragen. Der stete Durchtrieb sorgt bis weit in den Spätherbst hinein für eine Dauerblüte. Das hübsche glänzende Laub deckt gut und bleibt kerngesund. Durch den kompakten Wuchs und ihre Robustheit ist 'Lion's Rose' auch die perfekte Wahl für Pflanzgefäße.

Besonderes 'Lion's Rose' ist nicht nur eine exzellente, preisgekrönte Gartenrose – unter anderem erhielt sie im Jahr 2002 das ADR-Zertifikat und 2006 in England die Auszeichnung »Rose of the Year« –, sondern trägt auch als Charity-Rose zur Unterstützung sozialer Zwecke bei. In Großbritannien trägt sie den Namen 'Champagne Moment', der natürlich auf den edlen Farbton der jungen Blüten anspielt. Diese ausgezeichnete Neuzüchtung gehört, wie übrigens auch die wunderbare 'Eden Rose '85' (→ Seite 48), zu den Sorten, die nach ihrer Veredelung durch den Rosenvermehrer zunächst vergleichsweise wenige Triebe bilden. So haben es die Anbieter schwer, die Güteklasse A zur Verfügung zu stellen, nach deren Vorgabe eine solche Pflanze mindestens drei kräftige Triebe, von denen zwei Triebe der Veredelung entspringen, aufweisen muss. Für solche wenigen Sorten, die sich bekanntermaßen auch mit anfänglich nur zwei Trieben zügig aufbauen, gelten Ausnahmen hinsichtlich der Qualitäts-Sortierung. Daher dürfen unter der Güteklasse A etwa bei 'Lion's Rose' und 'Eden Rose '85' auch »zweibeinige« Pflanzen verkauft werden.

 sonnig   halbschattig   für Kübelhaltung geeignet

Austin 1994
Molineux

    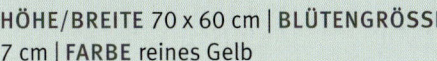

HÖHE/BREITE 70 x 60 cm | **BLÜTENGRÖSSE**
7 cm | **FARBE** reines Gelb

Wie fast alle anderen Englischen Rosen braucht diese für Beete ausgezeichnet geeignete Sorte einen möglichst guten Standort, um ihre Schönheit voll zu entfalten.

Blüte Die Knospen breiten sich zu flachen, sehr voll gefüllten Blütentellern aus. Das sonnige Gelb hellt sich nur ganz wenig zu Buttergelb auf.

Duft Der gute, teils sogar starke Teerosenduft hat eine leicht herbe Note, die an Moschus erinnert.

Wuchs Der wüchsige Strauch bleibt kompakt und trägt die Blüten in kleinen Büscheln sowie auf Einzelstielen. Das hübsche, eher dunkle, matte Laub bleibt bemerkenswert gesund.

Besonderes Verglichen mit den neuesten Beetrosen, wächst 'Molineux' auf dem Kontinent zuerst etwas schwach. Doch ihre reine Farbe und ihr Duft sind einen Versuch mit diesem Abkömmling der berühmten 'Graham Thomas' allemal wert.

Kordes 2003
Sangerhäuser Jubiläumsrose

HÖHE/BREITE 60 x 50 cm | **BLÜTENGRÖSSE**
7 cm | **FARBE** Apricot, rosa verblühend

Alle, die ein Faible für weiche Farben haben, werden von dieser Rose begeistert sein. Außerdem überzeugt sie durch ihre Regenfestigkeit und prima Wuchseigenschaften. Mit ihr bepflanzte Beete wirken wie ein grünes Sofakissen, bestickt mit zartfarbenen Rosenblüten im »Laura-Ashley«-Stil.

Blüte Das zunächst sehr weiche, gelbliche Apricot der dicht gefüllten Blüten geht in einen zarten Rosaton über, der sich mit der Zeit aufhellt.

Duft Ein leichter, süßlicher Duft umweht die Blüten.

Wuchs Die sehr reiche Blüte, der buschige Wuchs und das gesunde Laub sprechen für sich. Die gute Winterhärte und Toleranz, auch an nicht optimalen Rosenstandorten zu gedeihen, komplettieren die Tugenden dieser Top-Züchtung.

Besonderes Der Name ist eine Hommage an das älteste und gleichzeitig größte deutsche Rosarium in Sangerhausen.

Kosmos

Kordes 2006

HÖHE/BREITE 80 x 50 cm | **BLÜTENGRÖSSE**
8 cm | **FARBE** Elfenbeinweiß

Diese schmelzend weiß blühende Sorte empfiehlt
sich bereits kurz nach ihrer Markteinführung als ro-
buster Dauerblüher für den Garten.

Blüte Die Knospen öffnen sich zu sehr dicht gefüllten, elfenbeinweißen Blüten. An ihrem Grund zeigt
sich ein hingehauchter gelblicher Schimmer, der
sich aber im warmen Sommer rasch verliert.

Duft Der zarte Duft passt sehr gut zur Leichtigkeit
der Blüte.

Wuchs Ein ausgewogener, vitaler Wuchs ist die Vi-
sitenkarte dieser Sorte. Das Laub widersteht Sternrußtau und Mehltau sehr gut und bildet einen perfekten Rahmen für die reichlich in mittelgroßen
Büscheln erscheinenden Blüten.

Besonderes 'Kosmos' ist eine wertvolle Neuein-
führung und ähnelt der etablierten 'Lion's Rose' (→
Seite 34). Die hervorragende Blattgesundheit trug
ihr, wie ihrer älteren Kollegin, das ADR-Zeichen ein.

Crescendo

Noack 2003

HÖHE/BREITE 70 x 70 cm | **BLÜTENGRÖSSE**
ca. 7 cm | **FARBE** sattes Rosa

Ganze Gartenpartien lassen sich mit der verlässli-
che 'Crescendo' in romantisches Rosa tauchen. Die
neben den großen Büscheln hin und wieder erscheinenden Einzelblüten sind haltbare Schnittblumen.

Blüte Eiförmige Knospen öffnen sich zu Kugelblüten, die zumindest einige Regenschauer gut überstehen. Das intensive Rosa hat eine ganz leichte
lachsfarbene Note und hält sich bis zum Verblühen.

Duft Diese Top-Sorte duftet nur sehr leicht.

Wuchs Die äußerst vitalen Pflanzen bilden schöne
Büsche, die vom dunkelgrünen, glänzenden, extrem gesunden Laub gut bedeckt sind. Die anfänglich roten Nach- und Neutriebe sorgen für stetigen
Blütenreichtum.

Besonderes 'Crescendo' ist zwar eine Beetrose,
aber zuweilen schickt sie fast meterlange Bodentriebe hoch, die überreich blühen. Sie dürfen im Frühjahr auf ein zahmes Maß zurückgeschnitten werden.

 sonnig   halbschattig   für Kübelhaltung geeignet

Kordes 2002

Gebrüder Grimm

HÖHE/BREITE 80 x 50 cm | **BLÜTENGRÖSSE** 7 cm | **FARBE** Orange mit Gelb, später Rosa

Das lebhafte Farbenspiel dieser Sorte bringt Temperament ins Beet. Die sehr dicht gefüllten Blüten ändern beim Auf- und Verblühen stark ihre Farbe. Am besten wirkt diese Sorte als Gruppe neben sehr ruhigen, zurückhaltenden Begleitpflanzen.

Blüte Die kugeligen Knospen öffnen sich zu voll gefüllten Blütenschalen. Sie sind zunächst außen pfirsichgelb und innen warm lachsorange. Die Zweifarbigkeit weicht mit der Zeit einem kühleren Rosa.

Duft Der ziemlich leichte Duft ist manchmal nur schwer zu erschnuppern.

Wuchs Viel gesünder und vitaler kann eine Rose kaum sein: Das dunkle, resistente Laub bildet den ruhigen Hintergrund für die Blüten. Ständig neue Blütenbüschel sorgen für Blüten in verschiedenen Stadien und damit für den starken Farbauftritt.

Besonderes Das Gütesiegel »ADR-Rose« empfiehlt 'Gebrüder Grimm' auch für Roseneinsteiger.

Kordes 2005

Pomponella

HÖHE/BREITE 80 x 70 cm | **BLÜTENGRÖSSE** 5 cm | **FARBE** tiefes Rosa

Die kugelrunden, tiefrosa Blüten erinnern an die als Moosröschen verkauften Schnittblumen der 1970er- und 1980er-Jahre, die schon damals einen romantischen Touch hatten.

Blüte Die ausgeprägte Kugelform bleibt lange erhalten; am schönsten ist sie im halb geöffneten Zustand der Blüten. Das tiefe Rosa hellt sich beim Aufblühen, besonders in warmen Wetterphasen, deutlich auf.

Duft Der Duft ist sehr leicht und frisch.

Wuchs Besonders markant sind die einzigartigen Blüten sowie das sehr gesunde Laub. Die Pflanzen blühen reich und dauerhaft,

Besonderes Es macht Spaß, mit einer so vitalen Sorte wie 'Pomponella' Gartenträume zu verwirklichen. Die sehr hohe Widerstandskraft dieser Sorte gegenüber Krankheiten wurde mit einem ADR-Zertifikat belohnt.

✂ gute Schnittrose   ✳ gute Stammrose   ⌂ mittelstarker bis starker Duft

Noack 1999

Ambiente

HÖHE/BREITE 80 x 70 cm | **BLÜTENGRÖSSE**
10–13 cm | **FARBE** Cremeweiß bis Mondgelb

'Ambiente' ist einer der ganz großen Würfe der modernen Rosenzüchtung und sozusagen »verschrei-
bungspflichtig« für alle, die sich – bis heute – nicht
mehr trauen, Edelrosen zu pflanzen, weil sie als
empfindlich gelten. Diese Rose enttäuscht nie! Eigentlich passt sie in kein Raster: Für eine Edelrose
sind die Blüten zu dicht gefüllt, für eine nostalgische
Rose sind die Knospen zu edel, für eine Schnittrose
hat sie zu kurze Stiele und zu dicht sitzende Knospen, für eine Beetrose sind die Blüten zu groß, und
insgesamt fällt die Pflanze einfach durch ihren sehr

geschlossenen Wuchs auf. Trotz – oder vielleicht
gerade wegen – ihrer Individualität lässt sie sich im
Garten problemlos einsetzen und fügt sich in viele
Pflanzkonzepte. Stauden, deren Laub oder Blüten
zu der mondähnlich schimmernden Blütenfarbe
kontrastieren, sind ideale Begleiter. Bewährt haben
sich tiefviolette Salvien (*Salvia nemorosa* 'Mainacht')
oder dunkel braunrot belaubte Purpurglöckchen
(*Heuchera micrantha* 'Palace Purple'). Auch in ge-
räumigen Gefäßen macht sich diese Rose großartig.
Blüte Die spitz zulaufende, große, cremeweiße
Knospe legt nach und nach eine Vielzahl cremewei-
ßer bis cremegelber Blütenblätter frei. Die Farbe
hellt sich während des Aufblühens ganz leicht auf.
Die Blütenform ist dabei immer edel und durch die
meist starke Füllung doch nostalgisch üppig. An der
Basis der Blütenblätter zeigen sich mitunter vanille-
gelbe Schimmer – meist färben sich diese im Herbst
etwas intensiver. Doch ganz gleich, in welchem Sta-
dium, in welcher Jahreszeit man 'Ambiente' antrifft:
Die großen, schönen Blüten wirken jederzeit sehr
lebendig. Sie halten sich gut zehn Tage in der Vase,
haben aber meist nur kurze Stiele oder stehen in
Büscheln dicht beisammen. Am besten eignen sie
sich deshalb für Väschen auf dem Schreibtisch,
aber auch als Schwimmblüten machen sie sich gut.
Die Blüten stecken selbst starke Regenschauer gut
weg. Nur bei Dauerregen können – wie bei den
meisten anderen dicht gefüllten Rosen auch – die
Blütenblätter miteinander verkleben. Doch im
Unterschied zu den sehr empfindlichen Sorten öffnen sich die Blüten meist noch, wenn man die ver-
klebten äußeren Blütenblätter vorsichtig mit den
Fingern voneinander löst – ein Trick, der sich bei
vielen anderen Sorten auch bewährt hat. Außerdem können sich bei großer Hitze oder Temperaturschwankungen feine dunkle Ränder an den äuße-

 sonnig halbschattig für Kübelhaltung geeignet

ren Blütenblättern der sich öffnenden Knospe zeigen. Pendeln sich die Wetterbedingungen wieder ein oder werden die Blüten für die Vase geschnitten, öffnen sie sich makellos weiter, und die neuen Blütenblätter verdecken die kleinen Blessuren.

Duft Der Duft ist zwar leicht, aber immer wahrzunehmen. Seltsamerweise duften meine 'Ambiente'-Rosen im Spätsommer und Herbst etwas stärker und deutlich nach Teerosen mit einer Veilchen- und Kleehonignote. Auch wenn ich sie nicht gerade als Duftrose bezeichnen würde – duftlos, wie mancherorts zu lesen ist, ist sie nicht! Sicher ist der Duft von Standort zu Standort unterschiedlich, denn sowohl Stärke als auch Note werden durch den Pflanzplatz und das Kleinklima stark beeinflusst.

Wuchs Der Wuchs von 'Ambiente' ist ausgesprochen kompakt, und die Pflanzen blühen sehr reich von Juni bis zum Frost. Wer pflegeleichte Beete mit mondfarbenen, großen Rosenblüten pflanzen möchte, sollte unbedingt diese Sorte verwenden, denn ihr großes, glänzendes und sattgrünes Laub wird so gut wie nie krank. Auch als Hochstammrose ist diese Sorte eine vorzügliche Wahl.

Manchmal stehe ich vor meinen 'Ambiente'-Rosen und weiß nicht, wo genau ich sie nach der ersten Blüte zurückschneiden soll. Oft sind selbst dünne, zarte Triebe so stark verzweigt und mit Blüten besetzt, dass ich nach der Blüte sehr tief auf stärkere Triebe unterhalb jeder Verästelung kappen muss, um einen ausreichend kräftigen Neuaustrieb zu bekommen. Die Pflanzen sehen dann mitunter etwas mitgenommen aus. Doch immer wieder regenerieren sie sich in Rekordzeit. Auch der Rückschnitt im Frühling ist nur auf den ersten Blick kompliziert – es gilt ja hier in erster Linie, dass kräftige Neutriebe gefördert werden sollen. Wer sich gar nicht zu helfen weiß, verzichtet selbst bei dieser edlen Rose

auf das Zählen der Augen und setzt die Triebe einfach auf eine Höhe von etwa 20–30 cm zurück. 'Ambiente' hat genug Kraft, um sich wieder neu aufzubauen. Sobald sich zuverlässig zeigt, welche Triebe Knospen ausbilden, werden alle Triebe ohne Knospen tief herausgeschnitten. So verhindert man, dass die Pflanze zu dicht wird.

Besonderes 'Ambiente' ist ein Paradebeispiel einer gelungenen Rosen-Neuzüchtung. Bis zu ihrem Erscheinen gab es keine derartige Kombination von Gesundheit, Blüte und Wuchsform. Ihr sehr hoher Neuheitenwert vor zehn Jahren ist keinesfalls überholt; im Gegenteil! Weil sich 'Ambiente' allerorten bestens bewährt hat, dürfte es schwer sein, ihre positiven Eigenschaften zu übertreffen.

Die **unverwundbare** Rose ...

... gibt es nicht – auch wenn 'Ambiente' diesem Ziel sehr nahe kommt. Bei der Blattgesundheit geht es um die Widerstandskraft der Blätter gegenüber Pilzkrankheiten wie Sternrußtau, Echter und Falscher Mehltau sowie Rosenrost. Wie anfällig einzelne Sorten sind, hängt von verschiedenen Faktoren ab. So können Pflanzen durch Umweltbedingungen gestärkt oder geschwächt werden. Doch die besten Sorten nehmen auch nicht optimale Bedingungen nicht übel. Pilze können mit der Zeit aber Stämme ausbilden, die Resistenzen knacken. Einst supergesunde Sorten können nach Jahren, besonders wenn sie weit verbreitet sind, ihre Resistenz verlieren. Daher sind alle Aussagen – selbst das ADR-Siegel – nur Momentaufnahmen. Zum Glück stehen aber viele Sorten den Dauer-Härtetest in den Gärten mit Bravour durch.

---

 gute Schnittrose   gute Stammrose   mittelstarker bis starker Duft

senblüte. Zuweilen sind die inneren Petalen verwirbelt oder geviertelt. Trotz des starken Dufts ist das Blütenblatt selbst relativ fest (meist weisen sehr stark duftende Rosen eher weiche Blütenblätter auf). Die voll gefüllten Blüten stecken daher einen Regenschauer gut weg und bleiben in Form. Auch die intensive Farbe hält sich recht konstant und verblasst nur ganz leicht. Oft zeigt sich ein ganz dünner heller Rand an den Blütenblättern. Als Schnittrose erfreut sie etwa eine Woche lang in der Vase.

Duft Stark, rosig, mit einer Note nach Zitrone, die sich mit dem Öffnen der Blüte verflüchtigt. Als Herznote bleibt der kräftige Damaszenerrosenduft – und das konstant bis zum Verblühen!

Wuchs Die starken Triebe bilden eine schöne, geschlossen wachsende Pflanze, die ihre prächtigen Blüten stolz aufrecht hält – sowohl als einzeln stehende Blüten als auch in Blütenbüscheln. Das mittelgrüne Laub bleibt von Pilzkrankheiten verschont. Die gute Wuchskraft und Robustheit machen die Rose auch für Anfänger geeignet.

Besonderes Sowohl als Gartenschnittrose als auch in reich blühenden, pflegeleichten Beeten macht diese schöne Neuheit eine sehr gute Figur. Auch als Kübelpflanze eignet sich diese fuchsiafarbene Duftrose hervorragend. Zusammen mit Heliotrop, Duftsteinrich und Trompetenlilien dürfte sie ein gut kombinierter Augenschmaus und Nasenschmeichler auf der Terrasse sein. Dieser wüchsige Newcomer ist der schönen, an Kultur und Bauwerken reichen Stadt Dresden, dem sogenannten Elbflorenz, gewidmet. Dort wurde sie anlässlich eines Rosenkongresses im Jahr 2006 getauft. Im darauffolgenden Jahr attestierten ihr die unabhängigen, deutschlandweit vertretenen Prüfer eine sehr gute Krankheitsresistenz und verliehen ihr das begehrte ADR-Zeichen.

Meilland 2006

Elbflorenz

HÖHE/BREITE 80 x 80 cm | **BLÜTENGRÖSSE** 11 cm | **FARBE** intensives Rosarot

Diese Neuzüchtung aus Frankreich sorgte bereits kurz nach ihrem Erscheinen für Furore. Kein Wunder! So stark duftende Blüten kombiniert mit einer offenbar eisernen Blattgesundheit zeichnen nur sehr wenige Rosen aus.

Blüte Die Knospen zeigen sich im Anfangsstadium reichlich zerknautscht. Erst mit zunehmendem Öffnen ordnen sich die sehr zahlreichen, gelegentlich gekerbten Blütenblätter zu einer hinreißenden, recht großen Blütenschale an. Die Blütenform erinnert eher an eine Päonie als an eine gezirkelt exakte Ro-

 sonnig · halbschattig · für Kübelhaltung geeignet

Austin 2007

Darcey Bussel

HÖHE/BREITE 80 x 80 cm | **BLÜTENGRÖSSE**
12 cm | **FARBE** sattes Karminrot

Kompakt wachsende, gesunde rote Edelrosen sind
Mangelware. Die Sorte 'Darcey Bussel' schließt diese Lücke im Sortiment offenbar aufs Beste!
Blüte Die flachen Blütenschalen setzen sich fast
rosettenartig aus überaus zahlreichen Petalen zusammen. Sie schillern in dunklem, sattem Purpur-
bis Karminrot, das nur wenig ins Violett spielt.
Duft Diese Rose duftet vielleicht nicht ganz so
stark, wie man es von einer dunkelroten Englischen
Rose erwartet, doch sehr angenehm und mit einem
Hauch von Rose, Teerose und etwas Frucht.
Wuchs Die Pflanze wächst ausgesprochen kompakt und eher breitbuschig. Die Blüten erscheinen
vorwiegend in kleinen Büscheln, gelegentlich einzeln. Das allgemein gesunde Laub ist mittelgrün
und glänzt nur wenig.
Besonderes 'Darcey Bussel' eignet sich auch für
das Bepflanzen von Gefäßen gut.

Austin 2002

Jubilee Celebration

HÖHE/BREITE 90 x 90 cm | **BLÜTENGRÖSSE**
11–13 cm | **FARBE** Lachsrosa mit Goldhauch

Unter den vielen rosa blühenden Englischen Rosen
ist 'Jubilee Celebration' etwas ganz Besonderes: Die
Blüten sind vollendet geformt, duften intensiv und
haben durch die Farbnuancen das gewisse Etwas.
Blüte Die spitze Knospe öffnet sich zu Schalenblü-
ten mit vielen, hauchdünnen Blütenblättern. Auf der
Innenseite sind sie zart bis intensiv lachsrosa getönt, außen scheinen sie mit Goldstaub überhaucht.
Leider vertragen sie Regen nicht besonders gut.
Duft Ein sehr angenehmer, zuweilen starker Rosenduft mit fruchtiger Zitronen- und Himbeernote.
Wuchs 'Jubilee Celebration' wächst recht kompakt.
Das Laub bleibt meist gesund, die Blüten erscheinen einzeln oder in Büscheln bis weit in den Herbst.
Besonderes 'Jubilee Celebration' hat eine sanfte
und doch prächtige Ausstrahlung. In meinem Garten sind die Farben auf reizvolle Weise viel transpa-
renter, als es einige Katalogbilder vermuten ließen.

Kordes 2002

Sterntaler

HÖHE/BREITE 130 x 70 cm | **BLÜTENGRÖSSE**
12 cm | **FARBE** strahlendes Sonnengelb

Schlanke, hohe Sträucher, gekrönt mit sattgelben,
dicht gefüllten Blüten, umgeben von unverwundbar
scheinendem Laub: Das sind die wichtigsten Kenn-
zeichen dieser vorzüglichen neuen Edelrose.
Blüte Zunächst ist die Knospe hoch gebaut, später
breiten sich die Blütenblätter zu einer flachen, sehr
dicht gefüllten Schale aus. Sie sind regenfest, und
das ausgesprochen blanke, strahlende Gelb verblasst nicht.
Duft Leichter bis mäßiger Duft nach Wildrosen.
Wuchs Die Triebe schießen lang auf und verzwei-
gen sich erst in der obersten Zone zu kleinen Büscheln. Das sattgrüne, glänzende Laub bleibt gesund. Die vitale Pflanze wächst ziemlich schmal
aufrecht; bis zum Frost bringt sie immer wieder
neue Blüten hervor.
Besonderes Eine ideale, nostalgisch wirkende
Schnittrose in reinem Gelb.

Tantau 2007

Piano

HÖHE/BREITE 120 x 100 cm | **BLÜTENGRÖSSE**
12 cm | **FARBE** Himbeerrot

Will man eine rote Nostalgierose, die sich als Schnitt-
rose eignet, ist man mit 'Piano' gut bedient. Dank
langer Stiele ist sie eine exzellente Vasenblume.
Blüte Die äußeren Blütenblätter der stark gefüllten
Blüten bleiben meist aufrecht stehen und wahren
damit ihre ausgeprägte Kugel- bis Becherform. Die
Farbe lässt sich am besten als reiches Himbeerrot
bezeichnen und hält sich gut bis zum Verblühen.
Duft Auch der leichte Duft erinnert an Himbeeren.
Wuchs Die sehr robusten Pflanzen mit der dunklen
Belaubung bleiben auch ohne Einsatz chemischer
Mittel gesund und voll beblättert. Über die Blüten,
die einzeln und in kleinen Gruppen erscheinen,
kann man sich bis weit in den Spätherbst freuen.
Besonderes Der Züchter bezeichnet 'Piano' bereits jetzt als eine der besten Sorten seines Sorti-
ments. Kein Wunder, denn es gibt nur wenige derart gesunde rote Rosen.

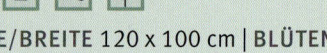 sonnig halbschattig für Kübelhaltung geeignet

Meilland 2004

La Nina

HÖHE/BREITE 80 x 70 cm | **BLÜTENGRÖSSE**
9 cm | **FARBE** zartes Rosa

Das Ziel, Beete mit großen zartrosa, dicht gefüllten Blüten zu bereichern, ist mit der pflegeleichten 'La Nina' problemlos zu erreichen. Die zuverlässig blühenden Pflanzen halten Hitze aus, widerstehen Krankheiten und eignen sich zum Vasenschnitt.
Blüte Spitze, rosarote Knospen drehen sich spiralig zu dicht gefüllten, zartrosa Blüten auf, deren Blütenblätter im Zentrum reizvoll verwirbelt sind. Die Blüten sind ziemlich regenfest.
Duft Der sehr leichte Duft ist gerade noch wahrnehmbar.
Wuchs Die aufrecht wachsenden und dennoch kompakten Pflanzen sind ausgezeichnete Beetpflanzen – nicht zuletzt durch das sehr gesunde Laub. Der Dauerblüher bringt die Blüten einzeln, meist aber in kleinen Gruppen hervor.
Besonderes 'La Nina' ist nach einer Caravelle von Christoph Kolumbus benannt.

Tantau 2005

Chippendale

HÖHE/BREITE 110 x 80 cm | **BLÜTENGRÖSSE**
8–10 cm | **FARBE** lachsrosa getöntes Orange

Diese Neuzüchtung eignet sich sowohl als hoch wachsende Edelrose als auch als niedrige Strauchrose. Ihre ersten Blüten erscheinen ein, zwei Wochen früher als die der meisten anderen Züchtungen.
Blüte Die kugeligen Knospen öffnen sich langsam zu haltbaren, rundlichen, sehr dicht gefüllten Blüten. Das warme Lachsorange ist eine neuartige Bereicherung der Farbpalette nostalgischer Rosen.
Duft Der sehr markante starke Teerosenduft rundet die Schönheit der Blüten ab.
Wuchs Obwohl die Pflanze etwas höher strebt als die meisten anderen ihrer Klasse, bildet sie doch einen geschlossenen und hübschen Strauch, der im Allgemeinen gesund bleibt.
Besonderes Als trendige Schnittrose eignet sich die haltbare 'Chippendale' sehr gut. In Großbritannien heißt sie nach Camilla, der Frau des Thronfolgers, 'Duchess of Cornwall'.

Carruth 1996

Scentimental

HÖHE/BREITE 80 x 80 cm | **BLÜTENGRÖSSE** 8–10 cm | **FARBE** Weiß/Zartrosa, rote Streifen

Die in den USA hoch bewertete 'Scentimental' sollte auch hierzulande mehr beachtet werden. Ihr nostalgischer Look rührt eher von der Färbung her als von der Blütenform. 'Scentimental'-Blüten erinnern an gestreifte historische Gallicarosen.

Blüte Auf weißem Grund zeigen sich tomatenrote Schlieren und Streifen. Kurz vor dem Verblühen oder bei kühlem Wetter wird das Weiß zu Zartrosa, das warme Rot kühlt sich ab.

Duft Der starke Rosenduft hat eine herbe Note.

Wuchs Das dunkelgrüne, matte, gesunde Laub des kompakten Strauchs ist relativ klein und damit eine hübsche Abwechslung im Rosenbeet. Die Triebe sind ziemlich stark bestachelt. Die Blüten mit den langen Stielen eignen sich für die Vase.

Besonderes Selten hat mir ein Rosenname so gut gefallen: Er besteht aus dem Englischen »scent« für »Duft« und »sentimental« für »gefühlvoll«.

Tantau 2006

Aphrodite

HÖHE/BREITE 80 x 80 cm | **BLÜTENGRÖSSE** 12 cm | **FARBE** sehr zartes Marzipanrosa

Für Beete und Gefäße sind so kompakt wachsende Sorten wie die neue 'Aphrodite' wie geschaffen. Es scheint sich eine neue Generation multifunktionaler, großblumiger Edelrosen zu entwickeln.

Blüte Die Knospe öffnet sich erst kugelig, dann formt sich eine sehr schöne Schale in zartem Marzipanrosa aus. Regenschauer perlen trotz der starken Blütenfüllung gut an ihr ab.

Duft Der Duft ist würzig, aber nicht stark. Die Duftintensität schwankt sehr.

Wuchs Die sehr buschig und geschlossen wachsenden Sträucher sind züchtig mit relativ pilzresistenten Blättern bedeckt und bringen die Blüten in kleinen Büscheln, seltener einzeln stehend hervor.

Besonderes 'Aphrodite' sorgt nicht allein für harmonische Beete, sondern macht auch als recht haltbare Schnittrose eine gute Figur. Die perfekten Blüten sehen aus, wie aus Seide geformt.

☀ sonnig   ☀ halbschattig   🪣 für Kübelhaltung geeignet

Nostalgie

Tantau 1995

HÖHE/BREITE 100 x 70 cm | **BLÜTENGRÖSSE** 8–10 cm | **FARBE** Vanilleweiß mit Erdbeerrot

Diese Sorte ist eine locker gefüllte Edelrose. Ihr Name und ihre Farbstellung machen sie nicht nur sehr populär, sie lässt sich auch ausgezeichnet in nostalgisch wirkende Beete einfügen.

Blüte Die vanilleweißen Blütenblätter sind vom Rand her erdbeerrot übergossen. Je weiter sich die Blüten öffnen, desto stärker wird ihr Rotanteil. Bei Regen zeigen sich leider leicht Flecken, oder die Blüten verbräunen etwas.

Duft Die Intensität des süßlichen Dufts schwankt.

Wuchs Das rot austreibende, glänzende Laub ist ungewöhnlich dunkelgrün und bildet, wenn es gesund bleibt, einen wunderschönen Rahmen für die Blüten. Ein für Rosen ideal geeigneter Standort und gute Pflege sind jedoch angesagt.

Besonderes Die auch als Schnittrose angebotene 'Nostalgie' hat zu Recht ihre Liebhaber; gerade in der Vase sind halb geöffnete Blüten einmalig schön.

Bernadette Lafont

Nirp International 2006

HÖHE/BREITE 90 x 70 cm | **BLÜTENGRÖSSE** 10–13 cm | **FARBE** kühles Rosarot

Stark duftende, dicht gefüllte Edelrosen mit gesund bleibenden Blättern sind immer interessant. Da keinerlei Pflanzenschutzmittel erforderlich sind, ist diese wunderschöne Rose eine ideale Lieferantin von Duftblüten für Rezepte.

Blüte Die sehr reich gefüllten großen Blüten erstrahlen in sattem, kühlem Rosa mit leichtem silbrig lila Schimmer, der sich recht beständig hält. Leider verkleben die Blütenblätter bei Dauerregen.

Duft Ein sehr intensiver Rosenduft mit weich unterlegter Fruchtnote.

Wuchs Das dunkle, glänzende Laub widersteht Pilzkrankheiten ausgezeichnet. Die Pflanze wächst ausgewogen und blüht reich. 'Bernadette Lafont' eignet sich als Schnittblume ebenso gut wie als Hochstammrose.

Besonderes Der Name ehrt eine französische Schauspielerin.

Boerner 1949

Aloha '49

HÖHE/BREITE 180 x 150 cm | **BLÜTENGRÖSSE** 10–12 cm | **FARBE** Korallenrosa

Gäbe es in meinem Garten nur Platz für eine einzige Rosenpflanze, so würde ich die gesunde, reich blühende, gut duftende und sehr individuelle Rose 'Aloha '49' pflanzen.

Blüte Die stumpfkegeligen, tiefrosaroten Knospen sind überraschend klein. Doch sie falten sich zu großen, sehr dicht gefüllten Blüten auf. Die Farbe variiert. Meist handelt es sich um ein warmes Korallenrosa, das gelegentlich ins Lachs spielt oder kühler getönte purpurrosa Reflexe aufweist. Am Ansatz der Blütenblätter schimmert oft ein feiner Goldton

durch. Die Rückseite der Petalen ist dunkler getönt als ihre Innenseite. Dadurch wirkt die Blüte besonders plastisch. Obwohl die Knospen kurz sind, haben die jungen Blüten ein hohes Zentrum. Später ordnen sich die Blütenblätter zu einer großen Schale an und verwirbeln sich reizvoll in der Mitte. Zuweilen sind die Blüten gesplittet oder geviertelt. Zugegeben – bei ungünstigen Bedingungen bleiben einige Knospen sehr gedrungen mit extrem kurzen Blütenblättern, die nicht gerade attraktiv aufblühen. Da jedoch ständig neue Blüten nachkommen, sehe ich über diesen Makel gern hinweg.

Duft Fast bei jeder Witterung kann man einen intensiven, vollen Duft, gemischt aus Wildrose und Damaszenerrose, wahrnehmen.

Wuchs 'Aloha '49' wird oft als Kletterrose angeboten, aber die Triebe sind meist zu kurz, um Pergolen oder Bögen voll zu umkleiden. Doch durch ihren ge-

 sonnig   halbschattig   für Kübelhaltung geeignet

CHANGIEREND Die mitunter sehr stark ausgeprägte Zweitonigkeit der Blüten der 'Aloha '49' lässt sich hier erahnen. Meist sind die Blüten zunächst hoch gebaut wie die der Edelrosen. Später formen sich die Blütenblätter zu Rosetten, wilden Wirbeln oder sogar den seltenen Viertelungen.

schlossenen, stabilen Wuchs gibt 'Aloha '49' eine vorzügliche Strauchrose ab. Die mittelgrünen Blätter glänzen stark und werden selten krank. Die Blüten stehen selten einzeln, meist in Dreier- bis Siebenergruppen, und erscheinen kontinuierlich an den rasch nachkommenden Neutrieben.

Besonderes In einigen Büchern wird sie als Edelrose, in anderen als Kletterrose und in wieder anderen als Strauchrose aufgeführt. Als Abkömmling der vorzüglichen Kletterrose 'New Dawn' und einer Edelrose wundert es nicht, dass sie in kein Schema passt, sondern ein Individualist ist. 'Aloha '49' gehört nicht nur zu meinen absoluten Lieblingsrosen, sondern ist auch eine der Ausgangssorten, mit denen der Züchtungsvisionär David Austin seine berühmten Englischen Rosen kreierte. Auch heute noch kann 'Aloha '49' spielend mit den besten Neuzüchtungen mithalten. Meines Erachtens ist sie bisher weder an Blütenschönheit noch hinsichtlich ihrer Pflanzeneigenschaften klar übertroffen worden, wenngleich die nagelneue Englische Rose 'Princess Alexandra of Kent' ihr zumindest hinsichtlich der Blüte sehr ähnelt, ja sogar noch vollendeter ihre Knospen entfaltet.

Wer 'Aloha '49' pflanzen will, muss aufpassen, denn es besteht Verwechslungsgefahr. Im Jahr 2003 brachte der Züchter Kordes eine aprikosenfarben blühende Kletterrose unter gleichem Namen auf den Markt (→ Seite 56). Bei einer Bestellung sollten Sie sichergehen, die wirklich gewünschte Sorte zu bekommen, und auf das Jahr der Markteinführung und/oder den vollständigen Namen 'Aloha-Kordes Rose Aloha' achten. Leider kommt es immer wieder vor, dass neue Züchtungen mit einem Namen versehen werden, unter dem bereits eine ältere Sorte bekannt ist. Meist sind es Züchtungen innerhalb eines Züchterhauses, bei denen die ältere Sorte vom Markt genommen wird. In unserem »Fall Aloha« ist aber die ältere Sorte – glücklicherweise! – noch zu bekommen. Um die beiden Aloha-Sorten auseinanderzuhalten, sind einige Anbieter dazu übergegangen, die ältere Sorte mit der Jahreszahl ihrer Markteinführung zu kennzeichnen – daher ist sie auch hier unter 'Aloha '49' aufgeführt. Übrigens: Der hawaiianische Begriff »Aloha« drückt den Wunsch aus, die universelle Lebens- und Liebeskraft miteinander zu teilen.

Wandelbare **Rosenschönheiten**

Wer sich mit Pflanzen allgemein und Rosen insbesonders auseinandersetzt, wird bald feststellen, dass sie nicht immer und überall gleich sind. 'Aloha '49' ist ein typischer Fall. Besonders die Knospenform als auch die Farbe können so unterschiedlich sein, dass man meint, verschiedene Sorten an einem Strauch zu haben. Mal ist die Knospe lang und edel, mal kurz und knubblig; mal ist die Farbe warm lachsig, mal spielt sie ins Kirschrot. Zuweilen ist die Zweitonigkeit sehr stark ausgeprägt, seltener sind Innen- und Außenseite genau gleich gefärbt. Das macht es schwer, Rosensorten so zu beschreiben, dass der Leser sie wiedererkennt. Aber auf der anderen Seite – warum sollen nur Menschen viele Gesichter haben?

 gute Schnittrose   gute Stammrose   mittelstarker bis starker Duft

Meilland 1984

Eden Rose '85

HÖHE/BREITE 150 x 100 cm | **BLÜTENGRÖSSE** 10–12 cm | **FARBE** Milchweiß mit rosa Anflug

Am schönsten präsentieren sich die zartfarbenen Blüten der 'Eden Rose '85', wenn man die Triebe stützt. Bindet man die Pflanzen an Rankhilfen auf, ist der Boden tiefgründig, und sind die Winter mild, entwickeln sich Triebe, die sich höher leiten lassen, und die eigentliche Strauchrose wird zur Kletterrose.

Blüte Die große eiförmige, cremig weiße, rosarot gerandete Knospe entwickelt sich sehr langsam zu einer üppigen, kugeligen Blüte. Sie ist milchweiß mit einem mehr oder weniger stark ausgeprägten rosa Anflug. Die Blüte öffnet sich selten vollständig;

fast immer behält sie ihre Kugelform. Die Blütenmitte bleibt bis zum Verblühen verdeckt.

Duft Ein leichter, etwas herber Duft umspielt die Blüten.

Wuchs Die Pflanze wächst kräftig und bildet lange, starke, reich mit meist gesundem, glänzendem Laub bedeckte Triebe. Doch auch wenn sie sehr kräftig sind, können sie die schweren Blüten kaum tragen. Fast immer biegen sie sich etwas über, und besonders nach heftigen Schauern liegen die Blüten auf dem Boden auf oder brechen sogar ab. Eine Stütze ist also unbedingt ratsam.

Besonderes Es gibt wohl kaum eine bekanntere nostalgisch aussehende moderne Strauchrose in Deutschland als die 'Eden Rose '85'! Nicht nur bei uns ist sie überaus beliebt – auch weltweit werden Rosenfreunde bei der 'Eden Rose '85' schwach. Der Beweis: Sie wurde auf dem Weltrosenkongress in Japan im Jahr 2006 zur Weltrose gewählt. Diese Sorte, die in Frankreich unter dem Namen 'Pierre de Ronsard' bekannt ist, sollte anfänglich gar nicht in Deutschland eingeführt werden. Weil aber ein deutscher Rosenfreund, der damals als Pflanzenanbieter mit dem Züchterhaus Meilland zusammenarbeitete, diese Rose unbedingt in sein Sortiment aufnehmen wollte, konnte die 'Eden Rose '85' ihren Siegeszug auch bei uns starten. Unter ihrem französischen Namen räumte man ihr allerdings hierzulande keine große Marktakzeptanz ein. Daher griff man auf den Namen einer Edelrose von Meilland zurück, die bereits vom Markt genommen war. Zur besseren Unterscheidung fügte man dem Neuankömmling die Jahreszahl '85 zu. Sicher hat zu ihrer Popularität beigetragen, dass sie auch als Freilandschnittrose in den Handel gekommen ist und durch ihre besondere Blütenform und gute Haltbarkeit auch in der Vase voll und ganz überzeugt.

☼ sonnig   ◗ halbschattig   ⊡ für Kübelhaltung geeignet

Herkules
Kordes 2007

HÖHE/BREITE 120 x 80 cm | **BLÜTENGRÖSSE**
9 cm | **FARBE** Cremeweiß bis zart Lavendelrosa

Die plüschig aussehenden Blüten, das gesunde
Laub und der gute Duft verleiten dazu, diese Sorte
auszuprobieren.

Blüte Die dicht gefüllten Blütenbälle changieren
in cremeweißen, zartrosa und zartlila Tönen.

Duft Der gute Duft erinnert an die fruchtige Süße
von Birnen und Himbeeren.

Wuchs Die Triebe der eher schmalen Pflanze nei-
gen sich durch das Gewicht der reich und stetig erscheinenden Blüten oft ein wenig nach außen. Das
dunkelgrüne, glänzende Laub ist recht gesund.

Besonderes Getauft wurde diese Sorte ein Jahr
vor ihrer Einführung bei einem Rosenkongress in
Kassel in Sichtweite des Namenspatrons – der be-
kannten Statue des Herkules. Vermutlich spielt der
Züchter mit dem für eine so feminin wirkende Sorte
recht ungewöhnlichen Namen auf die robuste
Konstitution und Wuchskraft dieser Rose an.

Cinderella
Kordes 2003

HÖHE/BREITE 150 x 100 cm | **BLÜTENGRÖSSE**
10 cm | **FARBE** zartes Rosa

Aus der Fülle der rosa blühenden Strauchrosen ragt
'Cinderella' durch ihren harmonischen Wuchs, ihre
Blütenfülle und ihre Robustheit heraus. Die bogig
überhängenden Triebe nehmen sich auch an Zäunen oder Spalieren befestigt sehr reizvoll aus.

Blüte Die gut gefüllten kugeligen Blüten leuchten
in reinem, zartem und haltbarem Rosa ohne Neben-
schattierungen.

Duft Ein leichter, herb-würziger Duft umweht die
Kugelblüten.

Wuchs Auch an ungünstigen Standorten bauen
sich harmonische, gesund belaubte Sträucher auf,
deren Triebe sich zum Teil anmutig überneigen. Die
Blüten stehen in kleinen bis mittelgroßen Büscheln
und erscheinen bis weit in den Spätherbst.

Besonderes Name und Pflanze machen 'Cinderella' zu einem Prototyp der von Kordes herausge-
brachten gesunden Märchenrosen.

---

 gute Schnittrose   gute Stammrose   mittelstarker bis starker Duft

Austin 2005

Lady Emma Hamilton

HÖHE/BREITE 150 x 100 cm | **BLÜTENGRÖSSE** 10–13 cm | **FARBE** Mandarinenorange

Selten überzeugt eine Englische Rose so schnell wie die temperamentvolle 'Lady Emma Hamilton'.
Blüte Die spitzkugelige Knospe ist tief orangerot; die Blütenblätter erstrahlen in schmelzendem Orange, etwa wie der von Mandarinensaft. Ihre Rückseite ist eine Spur heller. Die Petalen formen eine Kugel; die äußeren Blütenblätter bleiben aufrecht stehen. Die Blüten sind nicht allzu stark gefüllt und daher recht regenfest.
Duft Ein herrlicher, sehr starker Rosenduft mit deutlicher Nuance nach Orangenschalen.
Wuchs Die Austriebe sind rot, das Laub tief dunkelgrün und sehr gesund; die Triebe sind dunkel. Die Blüten stehen einzeln und in kleinen Büscheln, sie erscheinen recht kontinuierlich die ganze Saison über.
Besonderes Lady Emma Hamilton war eine Salonschönheit und die Geliebte des britischen Feldherrn Lord Nelson.

Austin 1992

Golden Celebration

HÖHE/BREITE 180 x 150 cm | **BLÜTENGRÖSSE** 11–14 cm | **FARBE** golden getöntes Gelb

Diese großartige Englische Rose bildet mit ihren üppigen Blüten und dem vitalem Wuchs einen fantastischen Blickfang im Garten.
Blüte Das satte, golden getönte Gelb und die dicht gefüllten Riesenblüten suchen ihresgleichen: Die größten Blütenblätter biegen sich nach außen, die mittleren bilden einen Ring, und die kleinen im Zentrum ordnen sich gefältelt an.
Duft Der Duft ist stark und reich. Er erinnert an Rosen, Tee und süße Früchte.
Wuchs Mit der Zeit hängen die Triebe des stark wachsenden Strauchs etwas über, tragen aber die Blüten meist auch ohne Stütze. Das gesunde, satt dunkelgrüne Laub deckt gut. Neue Blüten erscheinen immer wieder in reicher Fülle bis zum Frost.
Besonderes Die prächtige 'Golden Celebration' gilt als eine der besten Englischen Rosen für den Kontinent.

 sonnig   halbschattig   für Kübelhaltung geeignet

Felidae

Schultheis 2004

HÖHE/BREITE 150 x 150 cm | **BLÜTENGRÖSSE**
11–12 cm | **FARBE** zartes gelbliches Apricot

Englische Rosen made in Germany – auch das gibt
es! 'Felidae' ist ein Abkömmling der populären Sorte 'Abraham Darby', entstanden im Rosenhof Schultheis, der ältesten Rosenschule Deutschlands.
Blüte Die zahlreichen Petalen ordnen sich zu einer
schön geformten Schale an. Die Farbe schimmert in
sehr hellem Apricot und hat cremefarbene, zartrosa
und blassgoldene Nuancen.
Duft Ein intensiver Duft mit sowohl rosiger als
auch lieblich-fruchtiger Note.
Wuchs Das dunkelgrüne, glänzende Laub bleibt
meist gesund. Schneidet man die Pflanzen nicht zu
streng zurück, hängen die Triebe in graziösen Bögen über. Die oft etwas nickenden Blüten erscheinen grundsätzlich in Büscheln.
Besonderes 'Felidae' hat stolze Ahnen: 'Abraham
Darby' ist die Mutter, 'Aloha '49' die Großmutter
und die Kletterrose 'New Dawn' die vitale Uroma.

William Shakespeare 2000

Austin 2000

HÖHE/BREITE 150 x 100 cm | **BLÜTENGRÖSSE**
11–13 cm | **FARBE** tiefes Purpurrot

Es gibt nur sehr wenige stark duftende dunkelrote
Rosen, deren Laub hinreichend resistent gegen
Pilzkrankheiten ist – diese Traumsorte gehört dazu!
Blüte Die Blütenblätter bilden einen großen, flachen
Blütenteller, der manchmal etwas zerzaust wirkt.
Doch keine Angst: »Ordentliche« Blüten sind häufi-
ger. Die Farbe hat trotz ihrer Tiefe etwas Strahlendes.
Duft Da ist er, der herrlich intensive, beständige
und reine Rosenduft!
Wuchs Der Kontrast der dunklen Blüten zum eher
hellen Laub belebt jede Pflanzung. Das Laub soll
manchmal an Krankheiten leiden; nach meiner Er-
fahrung bleibt es auch ohne Spritzung gesund. Die
Blüten erscheinen zahlreich und oft bis zum Advent.
Besonderes Die im Jahr 2000 eingeführte Sorte
sollte den frisch gekürten »Millennium-Man« Groß-
britanniens mit einer gartenwürdigen Rose ehren.
Das ist wirklich voll gelungen!

Böhm 1935

Awakening

HÖHE/BREITE 300 x 150 cm | **BLÜTENGRÖSSE** 8 cm | **FARBE** Apfelblütenrosa

Wer die bekannte Kletterose 'New Dawn' auch nur ein bisschen mag und sich für dicht gefüllte, romantisch anmutende Rosen begeistern lässt, wird 'Awakening' geradezu lieben! Alle Tugenden der unverwüstlichen 'New Dawn' finden sich auch bei 'Awakening'. Das wundert nicht, wenn man weiß, dass sie ein Abkömmling der legendären und sehr verbreiteten Favoritin in der Rosenwelt ist. Die Unterschiede bestehen darin, dass die »Tochter« deutlich mehr Blütenblätter pro Kelch ausbildet als die Muttersorte und etwas zahmer wächst.

Die vitale 'Awakening' findet in dunklen Clematissorten ihre besten Nachbarn. Auch intensiver gefärbte Ramblerrosen sind eine ebenbürtige Ergänzung. Ich gerate immer wieder ins Schwärmen, wenn im Frühsommer die violette, halb gefüllte Ramblerrose 'Veilchenblau' neben 'Awakening' blüht.

Blüte Die Knospe schimmert zart apfelblütenrosa mit einem gelegentlichen purpurnen Federstrich an den Seiten. Die äußeren Blütenblätter schälen sich nur langsam ab, dann ordnen sich die zahlreichen inneren Petalen zu einer ausgesprochen hübschen Schale an. Im Zentrum wirbeln die kleinen Petalen und bilden zuweilen sogar eine Viertelung. Überraschenderweise sind die sehr dicht gefüllten Blüten äußerst regenfest, und die Blütenblätter fallen beim Verblühen sauber ab – zwei sehr wichtige Pluspunkte für eine gute Gartenrose! In Vasen wirken die haltbaren Blüten ebenfalls einfach nur charmant!

☀ sonnig   ◐ halbschattig   für Kübelhaltung geeignet

SCHÖNHEITSWETTBEWERB Wer ist schöner – Mutter oder Tochter? Es fällt schwer zu entscheiden, ob die Mutter 'New Dawn' (rechts) oder die Tochter 'Awakening' (links) die Attraktivere ist. Letztere entspricht mit ihrer starken Füllung natürlich viel eher einer Rose mit nostalgischem Flair.

Duft Die Duftintensität schwankt. Doch meist lässt er sich ohne Schwierigkeiten wahrnehmen – er ist zwar nicht gerade umwerfend, aber doch sehr angenehm. Die Duftnote hingegen ist markant: Sie erinnert an frische herbe Äpfel – man spricht allgemein vom »Gravensteiner-Apfelduft«. Eine würzige, krautige Nuance mischt sich dazu.

Wuchs Vorsicht: Die grün austreibenden, langen Zweige sind spitz bestachelt. Sie tragen dunkles, glänzendes Laub, das sehr hübsch zu den zartfarbenen Blüten kontrastiert. Manchmal treten Sternrußtau und Mehltau auf, doch die sehr vitalen Pflanzen überwachsen den Befall ohne Probleme und müssen nicht behandelt werden. Die Blüten stehen an den Seitentrieben der Pflanzen in kleinen Büscheln zu dritt bis sechst; junge Bodentriebe tragen mitunter gut und gerne die dreifache Anzahl. Da die Triebe etwa so flexibel sind wie bei einer Rambler-Rose, lassen sie sich ausgezeichnet an Spalieren, Obelisken oder ähnlichen Rankhilfen nach oben leiten. Ihre Herkunft lässt erwarten, dass sie Fassaden zumindest teilweise bekleidet. Ganz besonders gut eignet sich 'Awakening' für Rosenbögen.

Besonderes 'Awakening' hat eine reizvolle Geschichte: Diese Rose wurde, wie angegeben, bereits im Jahre 1935 als spontane Mutation, als sogenannter Sport der schon damals populären 'New Dawn', in der damaligen Tschechoslowakei gefunden. Für die westliche Rosenwelt fiel der dort als 'Probuzeni' – ein heute noch gebräuchliches Synonym – bekannte Findling in eine Art Dornröschenschlaf. Durch den Zweiten Weltkrieg und den Zerfall Europas in Ost- und Westblock war ein unbefangener Austausch zwischen Rosengärtnern nur unter gewissen Schwierigkeiten möglich. Erst im Jahr 1988 nahm Dick Balfour, der damalige Präsident der britischen Royal National Rose Society, Stecklinge von 'Probuzeni' mit nach England. Dort wurde diese Sorte weitervermehrt und 1990 unter dem Namen 'Awakening' erneut präsentiert. Von der britischen Insel war es für eine vielversprechende Rose nur ein kurzer Weg auf das deutsche Festland. Als einer der ersten Rosenkenner brachte Gert Hartung in seiner Firma Rosarot Rosenschulen 'Awakening' hierzulande in Umlauf. Glücklicherweise, denn das muss man den Neu-Entdeckern hüben wie drüben lassen: Mit 'Awakening' haben sie nicht nur eine wertvolle Rose vor dem Vergessen gerettet, sondern auch zahlreiche Hobbygärtner glücklich gemacht! Beide Namen bedeuten in den jeweiligen Sprachen übrigens das Gleiche: »Erwachen«.

Was ist ein **Rosen-Sport?**

Rosengärtner bezeichnen die spontan auftretende, genetisch fixierte Veränderung einer Rosenpflanze – eine Mutation – als »Sport«. So kann eine neue Farbgebung vorkommen, oder sonst buschige Sorten schießen lang auf und eignen sich als Kletterrose. Im Fall von 'New Dawn' und 'Awakening' hat sich die Zahl der Blütenblätter vervielfacht. Hält ein Entdecker seinen Sport für gartenwürdig, wird dieser vermehrt, neu benannt und in den Handel gebracht. Meist erhalten sich die Eigenschaften des Sports auch bei der weiteren Vermehrung.

Kordes 2004

Laguna

HÖHE/BREITE 300 x 150 cm | **BLÜTENGRÖSSE**
8 cm | **FARBE** Pink

Mit 'Laguna' haben wir eine weitere Kletterrose vor uns, die innerhalb kürzester Zeit sehr starken Zuspruch sowohl aus Fachkreisen als auch von Hobbygärtnern bekommen hat. Auch bei ihr liegen die Gründe dafür auf der Hand: Die attraktiv gefärbten Blüten erscheinen in sehr reicher Fülle auf den wüchsigen, außergewöhnlich gesund belaubten Pflanzen. Und das Beste: Der Duft ist betörend! Hier ist dem Züchter gelungen, alle ersehnten Eigenschaften, die eine problemlose und schöne Rose ausmachen, in einer Pflanze zu vereinen.

Blüte Die Knospe öffnet sich zügig zu einem flachen, sehr dicht gefüllten Blütenteller. Die Farbe ist ein sattes, schönes Rosa bis Pink, in dem sich Spuren von Lila finden. Die festen Petalen widerstehen kurzen Regenschauern, doch die Farbe kann bei großer Hitze und Dauerregen in einen bräunlich unterlegten, müderen Ton umschlagen. Das trübt den Gesamteindruck aber meist nur kurzfristig.

Duft Der Duft ist eine Offenbarung von intensivem Rosenduft mit einer deutlich fruchtigen Note. Für eine Kletterrose ist er außergewöhnlich stark.

Wuchs Alles, was man von einer Spitzenzüchtung erwarten kann, bringt 'Laguna' mit. Das Triebgerüst bildet reichlich sehr gut blühende Seitentriebe, und die kräftigen Bodentriebe zeigen ebenfalls zahlreiche Knospen. Das sehr gesunde Laub ist dunkelgrün und glänzt stark. Obwohl 'Laguna' nicht gerade ein Rambler ist, sind die Triebe doch elastisch genug, sodass sie sich gut leiten lassen. Wie bei allen anderen Kletterrosen bringt man die jungen Triebe in die gewünschte Position, wenn die Blüten an ihrer Spitze verblüht sind. Erst dann ist das Gewebe fest genug. Zu junge Triebe brechen leicht ab, weil sie zu weich, und Äste aus dem Vorjahr brechen, weil sie zu spröde geworden sind.

Besonderes Zahlreiche Ideen im Garten lassen sich mit 'Laguna' einfach realisieren. Rosenarkaden, Formationen von hochstämmigen Kaskadenrosen, der klassische Rosenbogen sowie das Beranken von Gazebos oder Rankgittern an einem Sitzplatz – ja sogar die Begrünung von Fassaden sind mit der köstlich duftenden 'Laguna' machbar. Die herausragende Qualität dieser Neuzüchtung wurde drei Jahre nach ihrem Erscheinen mit dem renommierten ADR-Siegel gewürdigt. Diese Multifunktions-Rose begeistert erfahrene Rosenfreunde genauso wie Einsteiger im Rosengarten.

 sonnig ☽ halbschattig ⊡ für Kübelhaltung geeignet

Noack 2002

Graciosa

HÖHE/BREITE 300 x 150 cm | **BLÜTENGRÖSSE**
12–14 cm | **FARBE** weißliches Porzellanrosa

Hier ist der Name Programm! Aber 'Graciosa' ist
nicht nur eine graziöse Preziose, sondern, wie alle
neuen Sorten aus dem Züchterhaus Noack, zuverlässig robust und gesund. Eine ideale Besetzung
für Obelisken und ähnliche Stützen.

Blüte Die vielen Blütenblätter ordnen sich zu einer
großen Schale an; das allerzarteste Porzellanrosa
hellt sich besonders in der Sonne zu Weiß auf.

Duft Etwas angenehm herben Duft gibt es immer
zu schnuppern; zuweilen verstärkt er sich.

Wuchs Die kräftigen Triebe tragen mittelgroße
Blütenbüschel. Das glänzende Laub ist sehr gesund
und bedeckt den Strauch bis hinunter zur Basis. Die
Blüten erscheinen zuverlässig bis zum Frost.

Besonderes Die großen, fast weißen Blüten
schimmern auch bei Dämmerlicht wirkungsvoll. So
eignet sich diese Sorte ideal zur Bepflanzung nahe
an einem Sitzplatz, den man gerne abends nutzt.

Tantau 1999

Barock

HÖHE/BREITE 250 x 150 cm | **BLÜTENGRÖSSE**
11 cm | **FARBE** changierendes Apricot

Eine wirklich schöne Rose, deren dunkles Laub und
hellen Blüten vorzüglich miteinander harmonieren.

Blüte Die kleine, spitze, elegante Knospe entfaltet
sich zu überraschend großen, trotz der zahlreichen
Petalen exakt geformten Blüten. Die Farbe schwankt
zwischen warmem Lachsrosa und hellem Apricot.

Duft Angenehm, teils stark mit Veilchen-Note.

Wuchs Diese Sorte bildet sowohl lange Klettertrie-
be als auch etwas kürzere Schosse, die 'Barock'
dann eher zu einer Strauchrose machen. Das glänzende Laub ist tief dunkelgrün, und an guten Standorten bleibt es so gesund, dass keine Spritzungen
nötig sind. Die Blüten stehen zu dritt bis siebt zusammen, gelegentlich erscheinen sie auch einzeln.

Besonderes Sowohl frei als Solitär stehend als
auch als Schmuck für nicht allzu hohe Rankhilfen
ist 'Barock' eine charmante Besetzung. Sie liefert
übrigens auch exquisite Schnittblumen.

 gute Schnittrose gute Stammrose mittelstarker bis starker Duft

Lens 1993

Guirlande d'Amour

HÖHE/BREITE 300 x 150 cm | **BLÜTENGRÖSSE**
6 cm | **FARBE** reines Weiß

'Guirlande d'Amour' gehört zu den Ramblern, die
sich durch ihren geschmeidigen Wuchs auszeich-
nen. Ungewöhnlich für einen Rambler ist die konti-
nuierliche Blütezeit bis zum Frost.
Blüte Relativ kleine, locker gefüllte, reinweiße Blütenschalen erinnern an Alba-Rosen.
Duft Mittelstark und etwas herb.
Wuchs Die zauberhaften kleinen Blüten erscheinen in großen bis sehr großen Büscheln an gut
biegsamen Trieben. Das dunkle, matte Laub bleibt
meist gesund, und die Pflanze ist sehr frostfest.
Besonderes Durch das Zurückschneiden extrem
langer Jahrestriebe Anfang Juni regt man eine weitere Verzweigung an; die Blüte verzögert sich aber
dadurch. So lässt sich der erste Flor verlängern, und
es entsteht keine Blühpause. Zum Beranken von
Obelisken, Rosenbögen und Zäunen gibt es kaum
schönere zuverlässige weiß blühende Sorten.

Kordes 2003

Aloha 2003

HÖHE/BREITE 300 x 100 cm | **BLÜTENGRÖSSE**
10–12 cm | **FARBE** Pfirsichgelb mit Lachsrosa

Diese neue 'Aloha 2003' erinnert in ihrer trendigen
Farbgebung an so populäre Klassiker wie 'Alchy-
mist' oder 'Abraham Darby', übertrifft sie aber hinsichtlich ihrer Blattgesundheit.
Blüte Zahlreiche Blütenblätter ordnen sich zu einer flachen Schale an. Die Farbe schwankt zwischen Gold und Pfirsichgelb mit einem mehr oder
weniger stark ausgeprägten Anflug von Lachsrosa.
Duft Der nicht allzu starke, aber immer wahrnehm-
bare Duft ist angenehm süßlich.
Wuchs Sehr kräftige Triebbildung von der Basis
her und reich blühend. Das glänzende Laub bleibt
grundsätzlich gesund; die Pflanze verkahlt aber von
unten leicht. Die hübschen Blüten stehen in großen
Büscheln zusammen.
Besonderes Eine wirklich empfehlenswerte, attraktive Neuzüchtung! Bitte nicht verwechseln mit
der älteren Strauchrose 'Aloha '49' (→ Seite 46).

☀ sonnig   ◑ halbschattig   ▭ für Kübelhaltung geeignet

Noack 2004

Belcanto

HÖHE/BREITE 300 x 100 cm | **BLÜTENGRÖSSE** 8–10 cm | **FARBE** warmes, samtiges Dunkelrot

Wüchsig, gesund, sehr blütenschön und reich blühend – auf der Suche nach einer dunkelroten Kletterrose kommt man an 'Belcanto' nicht vorbei. Sie macht sich sogar an Problemstandorten wie Hauswänden hervorragend, vorausgesetzt, es handelt sich nicht gerade um trockenheiße Südwände.
Blüte Die kugeligen, sehr gut gefüllten, wetterfesten Blüten leuchten in samtigem, warmem Dunkelrot. Vor allem halb geöffnet sehen sie hinreißend aus.
Duft Leider duftet 'Belcanto' nicht – der einzige Makel dieser wunderschönen Sorte.
Wuchs Sehr kräftige Triebe tragen dunkles, glänzendes Laub. Es widersteht Pilzkrankheiten ausgezeichnet. Die Blüten erscheinen erst Mitte Juni, dann aber bis zum Frost, in mittelgroßen Büscheln.
Besonderes Für Pflanzplätze, bei denen es nicht auf duftende Blüten ankommt, überzeugt diese neue dunkelrote Kletterrose auf ganzer Linie.

Kordes 2005

Jasmina

HÖHE/BREITE 250 x 100 cm | **BLÜTENGRÖSSE** 7 cm | **FARBE** frisches, helles Rosa

Die neue Kletterrose 'Jasmina' macht von sich reden! Sowohl ihr gesundes, hübsches Laub als auch ihre charmanten, duftenden Blüten kommen bei Fachleuten und Hobbygärtnern gleichermaßen gut an. Fast verkörpert sie den Inbegriff einer vielfach einsetzbaren, nostalgisch wirkenden modernen Rose.
Blüte Die mittelgroßen Blüten sind kugelig. Das Rosa ist mit etwas Magenta gemixt und gibt den Blüten eine gewisse Frische. Manchmal wirken sie sogar lila.
Duft Ein sehr angenehmer, eher herber Duft.
Wuchs Die recht geschmeidigen Triebe schießen lang auf und tragen mittelgroße Blütenbüschel. Dass die Blüten etwas nicken, ist für eine Kletterrose sogar von Vorteil. Das sattgrüne, gesunde Laub glänzt leicht und ist ein idealer Rahmen für die Blüten.
Besonderes 'Jasmina' ist eine Bereicherung im Sortiment. Diese Ansicht teilen auch strenge Prüfer und verliehen ihr das ADR-Zertifikat.

 gute Schnittrose    gute Stammrose   mittelstarker bis starker Duft

Alte Rosen

Alle Rosensorten, die sich den Rosenklassen zuordnen lassen, die es beim Erscheinen der ersten Modernen Rose, der Teehybride 'La France' im Jahr 1867, gab, bezeichnet man als »Alte Rosen«. Zu ihnen gehören etwa Gallicarosen, Albarosen oder die Damaszenerrosen und Zentifolien, die als Duftöl-Lieferanten berühmt wurden.

Auge

Unter einem Auge versteht man bei Rosen eine Triebanlage, die ruht oder gerade erst anschwillt. An jedem Blattansatz befindet sich ein Auge, das potenziell zu einem Trieb wachsen kann. Rosen schneidet man grundsätzlich direkt über einem Auge.

Bypass-Schere

Eine Rosenschere sollte zwei scharfe Klingen haben, mit denen man glatt schneiden kann – diese Scheren werden als Bypass-Scheren bezeichnet. Im Gegensatz dazu stehen sogenannte Amboss-Scheren, bei denen eine scharfe Klinge auf einen stumpfen Amboss trifft. Hier werden die Triebe gequetscht. Amboss-Scheren eignen sich deshalb nicht für den Rosenschnitt.

Dränage

Alle Maßnahmen, die dazu dienen, dass stehendes Wasser abgeführt wird, bezeichnet man als Dränage. In Gefäßen ist eine Schicht Kies oder Tonscherben am Boden zu diesem Zweck hilfreich; in Beeten mit extremer Staunässe müssen eventuell Dränagerohre im Boden installiert werden.

Edelsorte

Edelsorten sind alle Kulturrosen, die auf eine Wildlingsunterlage veredelt wurden; auch Strauch-, Beet-, Kletter- oder Englische Rosen sind Edelsorten.

Englische Rosen

Eine Gruppe von Rosenzüchtungen, die vom englischen Rosenzüchter David Austin seit gut 40 Jahren entwickelt werden. Englische Rosen vereinen die Wuchseigenschaften und Dauerblüte moderner Strauchrosen sowie deren weite Farbpalette mit der Blütenform, dem Duft und dem Charme Alter Rosen.

Gehölze

Gehölze überwintern mit einem festen Triebgerüst über der Erde – im Unterschied zu Stauden, die komplett oberirdisch absterben. Aus diesem Triebgerüst schlagen sie wieder aus. Rosen zählen zu den Gehölzen.

Historische Rosen

Oft wird dieser Begriff synonym mit den »Alten Rosen« verwendet. Streng genommen können auch Moderne Rosen, die in der Züchtung besonders in Erscheinung getreten ist, als Historische Rosen gelten. Die Apothekerrose *Rosa gallica* 'Officinalis' und die Albarose 'Suaveolens' sind gute Beispiele »Alter Historischer Rosen«; die weltberühmte Schnittrose 'Baccara' sowie die unvergessliche 'Gloria Dei' können ebenfalls als Historische Rosen bezeichnet werden, obwohl es sich bei ihnen um moderne Edelrosen handelt.

Nostalgierosen

Diese Bezeichnung ist von dem Rosenzüchterhaus Tantau geschützt und bezeichnet deren eigene Züchtungslinie von Rosensorten mit üppig gefüllten Blüten von nostalgischem Flair.

pH-Wert

Der pH-Wert gibt Aufschluss über den Säuregehalt des Bodens. Der pH-Wert 7 ist neutral; Werte unter pH 7 gelten als schwach sauer, Werte unter pH 5,5 als stark sauer; Werte über pH 7 sind dagegen basisch oder alkalisch. Für Rosen sollte der pH-Wert des Bodens zwischen pH 7 und 5,5 liegen.

Rosenart

Botanisch gesehen ist eine Art eine Gruppe von Pflanzen, deren Erbgut beim Kreuzen innerhalb der Art so erhalten bleibt, dass keine allzu großen Abweichungen auftreten. Nun ist es aber gerade bei Rosen so, dass verschiedene Rosenarten sich sehr leicht miteinander kreuzen lassen und die Nachkommen äußerst unterschiedlich ausfallen. Daher ist es sehr schwer, Rosenzüchtungen auf bestimmte Arten zurückzuführen. Relativ gut als Art noch erkennbar sind die wilden Hundsrosen *(Rosa canina)*, die oft als Unterlage zum Veredeln verwendet werden, oder die Kartoffelrose *(Rosa rugosa)*.

Rosenklasse

Da sich die Rosenzüchtungen sehr oft nicht mehr auf eine Rosenart zurückführen lassen, haben Rosenfachleute das immense Sortiment nach Klassen gegliedert, in denen einander ähnliche Sorten zusammengefasst sind. Kriterien sind dabei, wenn noch rekonstruierbar, Abstammung (Albarosen, Rugosarosen, Gallicarosen, Portlandrosen usw.) sowie Wuchsform und Blütenerscheinung (Kletterrosen, Edelrosen, Strauchrosen, Beetrosen). Mitunter ist die eindeutige Zuordnung einer Rosensorte zu einer Klasse sehr schwierig.

Rosensorte

Damit bezeichnet man eine Rosenzüchtung, die eindeutig erkennbar ist und als »Sorte« vom Züchter benannt und auf den Markt gebracht wird bzw. als Alte Rose bereits beschrieben ist. Ein passender Name gilt als wichtige Vermarktungshilfe neuer Sorten.

Rosentöpfe

Gefäße, die proportional überstreckt sind, also schlank und hoch wirken, kommen den Bedürfnissen der Rosen sehr entgegen. Sie sollten 50–80 cm hoch sein.

Saisonblumen

Dieser Begriff wird meist für Pflanzen verwendet, die blühend gekauft und beispielsweise zwischen Rosen gepflanzt werden – Stiefmütterchen, Vergissmeinnicht, Erika oder Mini-Alpenveilchen sind typische Saisonblumen.

Sommerblumen

Darunter versteht man Pflanzen, die nur einen Sommer lang blühen. Streng genommen dürfen nur einjährige Pflanzen, etwa Sonnenblumen oder Kapuzinerkresse, die nach der Blütezeit nicht mehr weiterwachsen würden, so bezeichnet werden. Mittlerweile werden auch mehrjährige Pflanzen wie Fuchsien, Pelargonien oder Wandelröschen als Sommerblumen bezeichnet.

Stauden

Alle mehrjährigen Pflanzen, die periodisch – in unseren Klimabereichen meist im Herbst – über der Erde komplett absterben und aus dem Wurzelstock im Frühling wieder neu austreiben, nennt man Stauden. Viele von ihnen, etwa Glockenblumen oder Katzenminze, sind vorzügliche Rosenbegleiter.

Staunässe

Wenn Wasser – gleich ob im Beet oder im Gefäß – im Wurzelbereich der Pflanzen nicht abfließt, sondern stehen bleibt, entsteht Staunässe. Diese muss unbedingt durch Dränage vermieden werden, damit die Wurzeln der Pflanzen nicht faulen.

Unterlage

Viele Gartenrosen bestehen aus zwei Teilen: Die Edelsorte ist auf einen Wildling veredelt. Der Wildling – die Unterlage – versorgt die Edelsorte besonders gut mit Nährstoffen; dafür liefert die Edelsorte die erwünschten Blüten und den erstrebten Wuchs.

Vliese

Vliese sind Gewebe, die zwar luftdurchlässig sind, an denen Wasser aber meist zunächst abperlt. Gärtnervliese gibt es in mehreren Stärken; leichte Vliese eignen sich zum Schutz zarter Pflanzen vor Frost oder Schädlingen; mittelschwere Vliese und schwere Vliesmatten sind hervorragende Materialien zum Winterschutz empfindlicher Pflanzen.

Wildtriebe

Treibt die Unterlage ihre eigenen Triebe über die Erde, bezeichnet man diese als Wildtriebe. Sie müssen sofort am Ansatz entfernt werden, sonst überwuchern sie rasch die Edelsorte. Man sollte sie immer abreißen und nicht abschneiden.

Zwiebel- und Knollenpflanzen

Zwiebel- und Knollenpflanzen überdauern Frost- und Trockenperioden in einem festen Speicherorgan unter der Erde. Speichern umgewandelte Blätter die Energie, spricht man von Zwiebeln – wie die Küchenzwiebel oder die Narzisse; speichern gestauchte Sprosse die Stärke, nennt man sie Knolle (wie die Kartoffel oder der Krokus). Zwiebel- und Knollenpflanzen werden meist im ruhenden, trockenen Zustand gepflanzt.

Die **halbfett** gesetzten Seitenzahlen verweisen auf Abbildungen.

Bezugsquellen

> Rosenhof Schultheis, Bad Nauheimer Straße 3, 61231 Bad Nauheim/Steinfurth. (Alte, seltene und Historische Rosen; Rambler; schöne Kollektion nostalgischer und Englischer Rosen, einige äußerst reizvolle, individuelle eigene Züchtungen; älteste Rosenschule Deutschlands) www.rosenhof-schultheis.de

> Rosarot Pflanzenversand, Gert Hartung, Besenbeck 4b, 25335 Raa-Besenbeck. (Sorten des Züchters Meilland; seltene und sehr reizvolle moderne und auch nostalgisch wirkende Rosen) www.rosarot-pflanzenversand.de

> Noack-Rosen, Im Waterkamp 12, 33334 Gütersloh. (Eigene Züchtungen mit besonders hoher Resistenz gegen Pilzkrankheiten) www.noack-rosen.de

> Rosenwelt Tantau, Tornescher Weg 12, 25436 Uetersen. (Eigene Züchtungen, ergänzt durch Klassiker und ausgezeichnete Neuheiten anderer Züchter) www.rosen-tantau.com

Wichtige **Hinweise**

> Tragen Sie beim Umgang mit Rosen besser Handschuhe.

> Wenn Sie sich bei der Gartenarbeit verletzen, sollten Sie umgehend einen Arzt aufsuchen. Eventuell ist eine Impfung gegen Tetanus erforderlich.

> Bewahren Sie Pflanzenschutzmittel und Dünger für Kinder und Haustiere unerreichbar auf. Halten Sie Kinder beim Gebrauch fern.

> Kordes Rosen; W. Kordes' Söhne Rosenschulen, Rosenstraße 54, 25365 Kleinoffenseth-Sparrieshoop. (Eigene Züchtungen sowie attraktive Sorten anderer Abstammung und eine kleine Auswahl Alter Rosen) www.gartenrosen.de

> David Austin Roses Ltd., Bowling Green Lane, Albrihgton, Wolverhampton WV 7 3 HB, Großbritannien. (Englische Rosen, Alte Rosen, kleine Auswahl moderner Edel- und Beetrosen aus England und vom Kontinent) www.davidaustinroses.com

Berühmte Rosengärten

> Europa-Rosarium Sangerhausen, Steinberger Weg 3, 06526 Sangerhausen. (Gilt als reichhaltigste Rosensammlung und größtes Rosarium Deutschlands) www.sangerhausen.de/sangerhausen/rosarium

> Deutsches Rosarium VDR, Westfalenpark, Am Kaiserhain 25, 44139 Dortmund. (Große Sammlung, sehenswerte Kombinationen mit Stauden und Gehölzen)

> Park Wilhelmshöhe, Schlosspark 18, 34131 Kassel. (Große Pflanzung Alter Rosen und Wildrosen)

> Gönneranlage sowie Rosen-Neuheitengarten auf dem Beutig; Interessierte wenden sich bitte an das Gartenamt Baden-Baden; Tel. 07221/93 12 00.

Vereine/Verbände

> Gesellschaft Deutscher Rosenfreunde (VDR), Waldseestraße 14, 76530 Baden-Baden www.rosenfreunde.de

> Österreichische Rosenfreunde, Parkring 12, A-1010 Wien

> Gesellschaft schweizerischer Rosenfreunde GSRF, Bahnhofstraße 11, CH-8640 Rapperswil www.rosenfreunde.ch

Literatur

> Beales, Peter: Klassische Rosen; Dumont-Verlag, Köln

> Joyaux, Francois: Enzyklopädie der Alten Rosen; Ulmer Verlag, Stuttgart

> Kluth, Silke: Rosen pflegen; Gräfe und Unzer Verlag, München

> Rau, Heide: Duftrosen; Gräfe und Unzer Verlag, München

> Schultheis, Heinrich: Rosen, Frische Ideen und bewährte Sorten; Ulmer Verlag, Stuttgart

Dank

Für die fachliche Beratung und den regen Informationsaustausch bei der Recherche bedankt sich der Autor sehr herzlich bei: Gert Hartung (Rosarot), Thomas Proll (Kordes), Georg Wieners (Tantau), Klausjürgen Strobel (Strobel) und Michael Marriot (David Austin Roses). Besonderer Dank geht an die Firma Tantau, die uns erlaubt hat, den Begriff »Nostalgierosen« als Titel dieses Buches zu verwenden.

Bildnachweis

Alle Bilder von **Annette Timmermann** mit Ausnahme von: Elke Borkowski: 16; Garden Collection: 32re.; Heidi Janicek: 23-3, 23-4; Jan Janßen: 44li.; Marion Nickig: 23-2; Rosenhof Schultheiss: 46, 51li., 56re.; Friedrich Strauss: 4re., 18, 24 Coverbild 'Crescento' und 'Lion's Rose': Annette Timmermann S. 4: 'Eden Rose '85' S.30: 'Cinderella'

Gartenlust pur

Die neuen Pflanzenratgeber – da steckt mehr drin

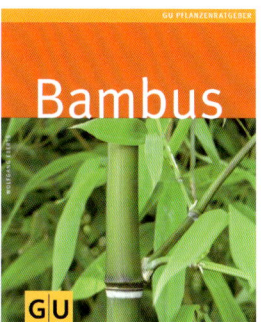

Bambus

ISBN 978-3-8338-0530-1
64 Seiten

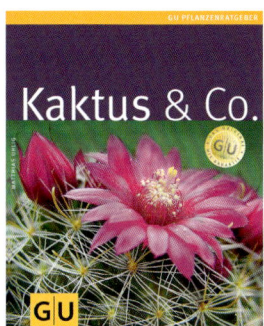

Kaktus & Co.

ISBN 978-3-8338-1125-8
64 Seiten

Buchs & Co
gut in Form

ISBN 978-3-8338-0532-5
64 Seiten

Preis je Band:
7,90 €

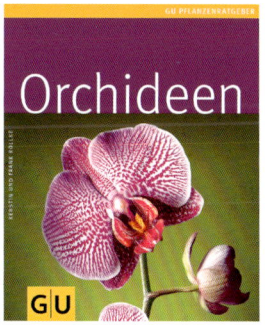

Orchideen

ISBN 978-3-8338-0527-1
64 Seiten

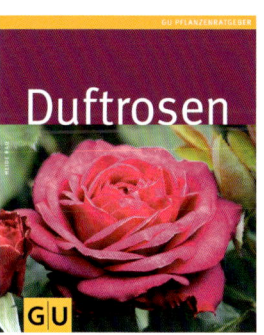

Duftrosen

ISBN 978-3-8338-0529-5
64 Seiten

Küchenkräuter
in Töpfen

ISBN 978-3-8338-0533-2
64 Seiten

Änderungen und Irrtum vorbehalten.

Das macht sie so besonders:

Praxiswissen kompakt – vermittelt von GU-Gartenexperten

Praktische Klappen – alle Infos auf einen Blick

Die 10 GU-Erfolgstipps – so gedeihen Ihre Pflanzen gut

G|U

Willkommen im Leben.

Unsere Garantie

Alle Informationen in diesem Ratgeber sind sorgfältig und gewissenhaft geprüft. Sollte dennoch einmal ein Fehler enthalten sein, schicken Sie uns das Buch mit dem entsprechenden Hinweis an unseren Leserservice zurück. Wir tauschen Ihnen den GU-Ratgeber gegen einen anderen zum gleichen oder ähnlichen Thema um.

Liebe Leserin und lieber Leser,

wir freuen uns, dass Sie sich für ein GU-Buch entschieden haben. Mit Ihrem Kauf setzen Sie auf die Qualität, Kompetenz und Aktualität unserer Ratgeber. Dafür sagen wir Danke! Wir wollen als führender Ratgeberverlag noch besser werden. Daher ist uns Ihre Meinung wichtig. Bitte senden Sie uns Ihre Anregungen, Ihre Kritik oder Ihr Lob zu unseren Büchern. Haben Sie Fragen oder benötigen Sie weiteren Rat zum Thema? Wir freuen uns auf Ihre Nachricht!

Wir sind für Sie da!
Montag – Donnerstag: 8.00 – 18.00 Uhr; Freitag: 8.00 – 16.00 Uhr *(0,14 €/Min. aus dem dt. Festnetz/ Mobilfunkpreise
Tel.: 0180 - 5 00 50 54* können abweichen.)
Fax: 0180 - 5 01 20 54*
E-Mail:
leserservice@graefe-und-unzer.de

P.S.: Wollen Sie noch mehr Aktuelles von GU wissen, dann abonnieren Sie doch unseren kostenlosen GU-Online-Newsletter und/oder unsere kostenlosen Kundenmagazine.

GRÄFE UND UNZER VERLAG
Leserservice
Postfach 86 03 13
81630 München

© 2009
GRÄFE UND UNZER VERLAG GmbH, München
Alle Rechte vorbehalten. Nachdruck, auch auszugsweise, sowie Verbreitung durch Film, Funk, Fernsehen und Internet, durch fotomechanische Wiedergabe, Tonträger und Datenverarbeitungssysteme jeglicher Art nur mit schriftlicher Genehmigung des Verlages.

Redaktion: Dr. Michael Eppinger
Lektorat: Barbara Kiesewetter
Bildredaktion: Daniela Laußer, Alexandra Dimitrijevic (Cover)
Umschlaggestaltung und Layout: independent Medien-Design, München
Herstellung: Gloria Pall
Satz: Liebl Satz+Grafik, Emmering
Reproduktion: Longo AG, Bozen
Druck: Firmengruppe APPL, aprinta druck, Wemding
Bindung: Firmengruppe APPL, sellier druck, Freising

Printed in Germany

ISBN 978-3-8338-1421-1

1. Auflage 2009

GRÄFE
UND
UNZER

Ein Unternehmen der
GANSKE VERLAGSGRUPPE

Der Autor

Andreas Barlage ist Diplom-Agraringenieur der Fachrichtung Gartenbau. Er schreibt für verschiedene Gartenzeitschriften, veröffentlicht im Internet und ist Buchautor, entwickelt Gartenpläne und hält Seminare sowie Vorträge für Hobbygärtner. Großen Wert legt er darauf, Sorten, Pflanzenkombinationen und Kulturmethoden im Garten auszuprobieren. Erst was sich dort bewährt, findet Eingang in seine Beiträge.

Die Fotografin

Annette Timmermann studierte Gartenbau an der FH Osnabrück, bevor sie sich vor allem der Gartenfotografie widmete. Heute lebt und arbeitet sie in Schleswig-Holstein. Ihre Bilder erscheinen in vielen Gartenmagazinen und Gartenbüchern, daneben arbeitet sie auch für Kalender und Postkarten.